显示技术知识产权研究分析

王保平　卞曙光　张宇宁　仲雪飞　翁一士　著

东南大学出版社
SOUTHEAST UNIVERSITY PRESS
·南京·

图书在版编目（CIP）数据

显示技术知识产权研究分析/王保平等著. —南京：东南大学出版社，2022.4
 ISBN 978-7-5641-9957-9

Ⅰ．①显… Ⅱ．①王… Ⅲ．①显示–知识产权–研究–中国 Ⅳ．①D923.404

中国版本图书馆CIP数据核字（2021）第270604号

责任编辑：夏莉莉　责任校对：韩小亮　封面设计：余武莉　责任印制：周荣虎

显示技术知识产权研究分析
Xianshi Jishu Zhishi Chanquan Yanjiu Fenxi

著　　者：	王保平　卞曙光　张宇宁　仲雪飞　翁一士
出版发行：	东南大学出版社
社　　址：	南京四牌楼2号　邮编：210096　电话：025-83793330
网　　址：	http://www.seupress.com
电子邮件：	press@seupress.com
经　　销：	全国各地新华书店
印　　刷：	南京凯德印刷有限公司
开　　本：	787 mm × 1 092 mm　1/16
印　　张：	18.75
字　　数：	409千字
版　　次：	2022年4月第1版
印　　次：	2022年4月第1次印刷
书　　号：	ISBN 978-7-5641-9957-9
定　　价：	158.00元

本社图书若有印装质量问题，请直接与营销部调换。电话（传真）：025-83791830

序

2021年，中共中央、国务院印发《知识产权强国建设纲要（2021-2035年）》，明确指出，进入新发展阶段，推动高质量发展是保持经济持续健康发展的必然要求，创新是引领发展的第一动力，知识产权作为国家发展战略性资源和国际竞争力核心要素的作用更加凸显。全面提升我国知识产权综合实力，大力激发全社会创新活力，建设中国特色、世界水平的知识产权强国，对于提升国家核心竞争力，扩大高水平对外开放，实现更高质量、更有效率、更加公平、更可持续、更为安全的发展，满足人民日益增长的美好生活需要，具有重要意义。

同样是在2021年，中国大陆平板显示产能已超过全球一半，中国已经成为名副其实的显示大国。中国显示产业历经20余年突破"少屏"困境，得益于国家的科学谋划，还有全体中国显示人的不懈努力。中国显示产业发展，映射着改革开放以来中国人追求自主技术创新的发展史。为了更加客观精准地把脉我国显示产业的发展现状，指引未来显示技术和产业的发展方向，东南大学王保平教授及其团队，在科技部高技术研究发展中心支持下，围绕显示技术知识产权分布做了详尽研究分析。在新的历史发展时期，在显示产业发展的重要阶段，从知识产权角度系统剖析我国显示产业发展现状，是一个很好的开端尝试。本书涵盖了LCD显示、OLED显示、QLED显示、激光显示、Micro LED显示、光场显示、AR/VR显示等主流及未来显示技术，从专利总体申请趋势、具体技术分支、申请人分布、核心专利等多角度进行了全面研究和分析。

在当前我国从显示产业大国向显示产业强国迈进的重要历史时期，分析研究显示技术和产业领域的知识产权现状和发展趋势，将为研判我国显示技术和产业的发展态势，以及制定相关政策举措提供重要依据。东南大学在显示技术研究和知识产权研究方面具有相当好的基础，王保平教授及团队长期参与国际合作，具有丰富经验。相信此书将对我国显示技术产业发展及知识产权战略实施发挥积极作用。

中科院院士

Zhong-can Ouyang

2022年3月26日 星期六

前言

显示技术涉及光电、材料、设备、工艺流程、集成电路等多类关键技术,具有长期性和广泛性特征。对应的显示产业,自身附加值高、应用广泛,而且产业拉动效应强,被认为是战略性高新技术的基础和最具活力的电子信息产业方向。安全科学有序地推进新型显示技术开发和产业发展,对于培育新一代信息技术产业、推动产业转型升级、促进经济发展方式转变具有显著的基础贡献和战略支撑意义。开展显示技术专利情况研究分析的知识产权工作,是我国信息显示技术和产业自身图生存谋发展的必要工作,对于了解国内外显示产业的技术发展现状和把握未来技术和产业发展趋势都至关重要。

本书针对 LCD 显示、OLED 显示、QLED 显示、激光显示、Micro LED 显示、光场显示、AR/VR 显示等主流及未来显示技术,从专利总体申请趋势、主要技术分支申请情况、申请人情况、PCT 专利申请情况、核心专利申请情况等方面进行了研究分析。专利数据来源于 incoPat 数据库,包括中国(CN)、美国(US)、日本(JP)、英国(GB)、德国(DE)、法国(FR)、瑞士(CH)、韩国(KR)、俄罗斯(RU)、欧洲(EP)、世界知识产权组织(WIPO)以及其他国家及地区等专利数据。

本书若无特别说明,统计口径均为专利申请数量,针对的具体地域范围以每幅图片下对应的图片释义为准。但专利数量并不能完全反映创新能力的水平,就 OLED 领域而言,具体分析其被引证次数、简单同族个数、权利要求数量、文献页数等指标,能看出中国申请人核心专利和外国申请人核心专利的差别:中国申请人核心专利被引证次数的平均数为 13 次,外国申请人为 28 次;中国申请人核心专利的简单同族个数以 5 对 16 大幅落后于外国申请人;中国申请人核心专利的平均文献页数为 20 页,外国申请人达到 40 页;中国申请人核心专利的权利要求数量平均数为 16,而外国申请人的平均数为 25。对比结果表明,在 OLED 领域中国申请人核心专利与外国申请人核心专利相比仍存在一定的差距。由于本书篇幅限制,暂未对其他显示技术领域作相关对比分析,后续仍需要进行关注。

目录

第一章 LCD 显示技术知识产权研究分析 ·········· 001

- 1.1 发展趋势 ·········· 001
  - 1.1.1 全球专利总体申请趋势 ·········· 001
  - 1.1.2 主要国家（地区）及组织专利申请趋势 ·········· 002
  - 1.1.3 主要国家及地区申请人专利申请趋势 ·········· 002
  - 1.1.4 国内专利申请趋势 ·········· 004
- 1.2 专利区域分布 ·········· 005
  - 1.2.1 主要国家（地区）及组织专利申请量、专利来源国（地区）排名 ·········· 005
  - 1.2.2 全球专利布局情况 ·········· 006
  - 1.2.3 中国专利申请情况 ·········· 007
- 1.3 专利技术结构分析 ·········· 008
  - 1.3.1 专利技术结构 ·········· 008
  - 1.3.2 各技术分支专利申请趋势 ·········· 008
  - 1.3.3 各技术分支全球专利布局情况 ·········· 009
  - 1.3.4 各技术分支国内申请情况 ·········· 010
  - 1.3.5 各技术分支国内专利有效性 ·········· 011
- 1.4 专利申请人分析 ·········· 013
  - 1.4.1 全球专利主要申请人 ·········· 013
  - 1.4.2 中国专利主要申请人 ·········· 014
  - 1.4.3 中国专利中国申请人与国外申请人宏观分析 ·········· 014
  - 1.4.4 各技术分支全球主要申请人 ·········· 016
- 1.5 世界知识产权组织 PCT 申请情况 ·········· 020
  - 1.5.1 世界知识产权组织 PCT 总体申请趋势 ·········· 020
  - 1.5.2 各技术分支世界知识产权组织 PCT 申请情况 ·········· 022

1.6 核心专利申请情况 ··· 025
    1.6.1 核心专利公开国（地区）及组织情况 ·········· 025
    1.6.2 核心专利申请国（地区）情况 ······················ 025
    1.6.3 核心专利技术分布情况 ······································ 026
    1.6.4 核心专利主要申请人分布情况 ······················ 028
1.7 总结 ··· 032

第二章 OLED 显示技术知识产权研究分析 ·········· 034

2.1 发展趋势 ··· 034
    2.1.1 全球专利总体申请趋势 ······································ 034
    2.1.2 主要国家及地区专利申请趋势 ······················ 035
    2.1.3 主要国家（地区）及组织申请人专利申请趋势 ······ 036
    2.1.4 国内专利申请趋势 ·· 037
2.2 专利区域分布 ··· 038
    2.2.1 主要国家（地区）及组织专利申请量、专利来源国（地区）排名 ··· 038
    2.2.2 全球专利布局情况 ·· 039
    2.2.3 中国专利申请情况 ·· 040
2.3 专利技术结构分析 ··· 041
    2.3.1 专利技术结构 ·· 041
    2.3.2 各技术分支专利申请趋势 ································ 041
    2.3.3 各技术分支全球专利布局情况 ······················ 042
    2.3.4 各技术分支国内申请情况 ································ 044
    2.3.5 各技术分支国内专利有效性 ··························· 045
2.4 专利申请人分析 ··· 046
    2.4.1 全球专利主要申请人 ·· 046
    2.4.2 中国专利主要申请人 ·· 047
    2.4.3 中国专利中国申请人与国外申请人宏观分析 ······ 047
    2.4.4 各技术分支全球主要申请人 ··························· 049
2.5 世界知识产权组织 PCT 申请情况 ································· 056
    2.5.1 世界知识产权组织 PCT 总体申请趋势 ········· 056
    2.5.2 各技术分支世界知识产权组织 PCT 申请情况 ······ 058
2.6 核心专利申请情况 ··· 061
    2.6.1 核心专利公开（地区）及组织情况 ·············· 061
    2.6.2 核心专利申请国（地区）及组织情况 ·········· 061
    2.6.3 核心专利技术分布情况 ······································ 062
    2.6.4 核心专利主要申请人分布情况 ······················ 063
2.7 总结 ··· 069

第三章　QLED 显示技术知识产权研究分析 ·······072

3.1　发展趋势 ·······072
　　3.1.1　全球专利总体申请趋势 ·······072
　　3.1.2　主要国家（地区）及组织专利申请趋势 ·······073
　　3.1.3　主要国家及地区申请人专利申请趋势 ·······074
　　3.1.4　国内专利申请趋势 ·······075

3.2　专利区域分布 ·······076
　　3.2.1　主要国家（地区）及组织专利申请量、专利来源国（地区）排名 ··· 076
　　3.2.2　全球专利布局情况 ·······077
　　3.2.3　中国专利申请情况 ·······077

3.3　专利技术结构分析 ·······079
　　3.3.1　专利技术结构 ·······079
　　3.3.2　各技术分支专利申请趋势 ·······079
　　3.3.3　各技术分支全球专利布局情况 ·······080
　　3.3.4　各技术分支国内申请情况 ·······082
　　3.3.5　各技术分支国内专利有效性 ·······083

3.4　专利申请人分析 ·······084
　　3.4.1　全球专利主要申请人 ·······084
　　3.4.2　中国专利主要申请人 ·······085
　　3.4.3　中国专利中国申请人与国外申请人宏观分析 ·······085
　　3.4.4　各技术分支全球主要申请人 ·······087

3.5　世界知识产权组织 PCT 申请情况 ·······095
　　3.5.1　世界知识产权组织 PCT 总体申请趋势 ·······095
　　3.5.2　各技术分支世界知识产权组织 PCT 申请情况 ·······097

3.6　核心专利申请情况 ·······100
　　3.6.1　核心专利公开国（地区）及组织情况 ·······100
　　3.6.2　核心专利申请国（地区）情况 ·······100
　　3.6.3　核心专利技术分布情况 ·······101
　　3.6.4　核心专利主要申请人分布情况 ·······102

3.7　总结 ·······107

第四章　激光显示技术知识产权研究分析 ·······110

4.1　发展趋势 ·······110
　　4.1.1　全球专利总体申请趋势 ·······110
　　4.1.2　主要国家（地区）及组织专利申请趋势 ·······111

  4.1.3 主要国家及地区申请人专利申请趋势 ················· 112
  4.1.4 国内专利申请趋势 ························· 113
 4.2 **专利区域分布** ································ 114
  4.2.1 主要国家（地区）及组织专利申请量、专利来源国（地区）排名 ··· 114
  4.2.2 全球专利布局情况 ························· 115
  4.2.3 中国专利申请情况 ························· 116
 4.3 **专利技术结构分析** ······························ 117
  4.3.1 专利技术结构 ··························· 117
  4.3.2 各技术分支专利申请趋势 ······················ 117
  4.3.3 各技术分支全球专利布局情况 ···················· 118
  4.3.4 各技术分支国内申请情况 ······················ 119
  4.3.5 各技术分支国内专利有效性 ····················· 119
 4.4 **专利申请人分析** ······························· 121
  4.4.1 全球专利主要申请人 ························ 121
  4.4.2 中国专利主要申请人 ························ 122
  4.4.3 中国专利中国申请人与国外申请人宏观分析 ·············· 122
  4.4.4 各技术分支全球主要申请人 ····················· 124
 4.5 **世界知识产权组织 PCT 申请情况** ······················· 127
  4.5.1 世界知识产权组织 PCT 总体申请趋势 ················· 127
  4.5.2 各技术分支世界知识产权组织 PCT 申请情况 ·············· 129
 4.6 **核心专利申请情况** ····························· 132
  4.6.1 核心专利公开国（地区）及组织情况 ················· 132
  4.6.2 核心专利申请国（地区）情况 ···················· 132
  4.6.3 核心专利技术分布情况 ······················· 133
  4.6.4 核心专利主要申请人分布情况 ···················· 134
 4.7 **总结** ···································· 138

第五章 Micro LED 显示技术知识产权研究分析 ················ 141

 5.1 **发展趋势** ·································· 141
  5.1.1 全球专利总体申请趋势 ······················· 141
  5.1.2 主要国家（地区）及组织专利申请趋势 ················ 142
  5.1.3 主要国家及地区申请人专利申请趋势 ················· 142
  5.1.4 国内专利申请趋势 ························· 142
 5.2 **专利区域分布** ································ 144
  5.2.1 主要国家（地区）及组织专利申请量、专利来源国（地区）排名 ··· 144
  5.2.2 全球专利布局情况 ························· 145
  5.2.3 中国专利申请情况 ························· 146

5.3 专利技术结构分析 ·······147
5.3.1 专利技术结构 ·······147
5.3.2 各技术分支专利申请趋势 ·······148
5.3.3 各技术分支全球专利布局情况 ·······148
5.3.4 各技术分支国内申请情况 ·······150
5.3.5 各技术分支国内专利有效性 ·······151
5.4 专利申请人分析 ·······152
5.4.1 全球专利主要申请人 ·······152
5.4.2 中国专利主要申请人 ·······153
5.4.3 中国专利中国申请人与国外申请人宏观分析 ·······153
5.4.4 各技术分支全球主要申请人 ·······155
5.5 世界知识产权组织 PCT 申请情况 ·······159
5.5.1 世界知识产权组织 PCT 总体申请趋势 ·······159
5.5.2 各技术分支世界知识产权组织 PCT 申请情况 ·······161
5.6 核心专利申请情况 ·······164
5.6.1 核心专利公开国（地区）及组织情况 ·······164
5.6.2 核心专利申请国（地区）情况 ·······164
5.6.3 核心专利技术分布情况 ·······165
5.6.4 核心专利主要申请人分布情况 ·······166
5.7 总结 ·······171

第六章 光场显示技术知识产权研究分析 ·······174

6.1 发展趋势 ·······174
6.1.1 全球专利总体申请趋势 ·······174
6.1.2 主要国家（地区）及组织专利申请趋势 ·······175
6.1.3 主要国家及地区申请人专利申请趋势 ·······175
6.1.4 国内专利申请趋势 ·······175
6.2 专利区域分布 ·······177
6.2.1 主要国家（地区）及组织专利申请量、专利来源国（地区）排名 ·······177
6.2.2 全球专利布局情况 ·······178
6.2.3 中国专利申请情况 ·······178
6.3 专利技术结构分析 ·······180
6.3.1 专利技术结构 ·······180
6.3.2 各技术分支专利申请趋势 ·······181
6.3.3 各技术分支全球专利布局情况 ·······181
6.3.4 各技术分支国内申请情况 ·······182
6.3.5 各技术分支国内专利有效性 ·······183

6.4	专利申请人分析	184
	6.4.1 全球专利主要申请人	184
	6.4.2 中国专利主要申请人	185
	6.4.3 中国专利中国申请人与国外申请人宏观分析	185
	6.4.4 各技术分支全球主要申请人	187
6.5	世界知识产权组织 PCT 申请情况	191
	6.5.1 世界知识产权组织 PCT 总体申请趋势	191
	6.5.2 各技术分支世界知识产权组织 PCT 申请情况	193
6.6	核心专利申请情况	196
	6.6.1 核心专利公开国（地区）及组织情况	196
	6.6.2 核心专利申请国（地区）情况	196
	6.6.3 核心专利技术分布情况	197
	6.6.4 核心专利主要申请人分布情况	198
6.7	总结	203

第七章 AR/VR 显示技术知识产权研究分析 ... 206

7.1	发展趋势	206
	7.1.1 全球专利总体申请趋势	206
	7.1.2 主要国家（地区）及组织专利申请趋势	207
	7.1.3 主要国家及地区申请人专利申请趋势	207
	7.1.4 国内专利申请趋势	208
7.2	专利区域分布	209
	7.2.1 主要国家（地区）及组织专利申请量、专利来源国（地区）排名	209
	7.2.2 全球专利布局情况	210
	7.2.3 中国专利申请情况	210
7.3	专利技术结构分析	212
	7.3.1 专利技术结构	212
	7.3.2 各技术分支专利申请趋势	212
	7.3.3 各技术分支全球专利布局情况	213
	7.3.4 各技术分支国内申请情况	214
	7.3.5 各技术分支国内专利有效性	215
7.4	专利申请人分析	216
	7.4.1 全球专利主要申请人	216
	7.4.2 中国专利主要申请人	216
	7.4.3 中国专利中国申请人与外国申请人宏观分析	217
	7.4.4 各技术分支全球主要申请人	219

7.5 **世界知识产权组织 PCT 申请情况** ·· 221
 7.5.1 世界知识产权组织 PCT 总体申请趋势 ······································ 221
 7.5.2 各技术分支世界知识产权组织 PCT 申请情况 ······························ 223
7.6 **核心专利申请情况** ·· 226
 7.6.1 核心专利公开国（地区）及组织情况 ·· 226
 7.6.2 核心专利申请国（地区）情况 ·· 226
 7.6.3 核心专利技术分布情况 ··· 227
 7.6.4 核心专利主要申请人分布情况 ·· 228
7.7 **总结** ·· 231

附录 ·· 234

 附录 1：核心专利评价流程 ·· 234
 附录 2：核心专利评价体系 ·· 237
 附录 3：专利申请人关联公司表 ··· 245

致谢 ·· 288

第一章　LCD 显示技术知识产权研究分析

1.1　发展趋势

1.1.1　全球专利总体申请趋势

截至 2020 年 5 月 6 日，全球在 LCD 领域的专利数量为 379 635 件，图 1.1 显示了 LCD 领域全球专利总体申请趋势，表明全球对该领域的研究已有半个多世纪的历史。2006 年之前，全球 LCD 领域专利申请量呈现逐年上升的稳定增长态势。2006 年达到最高点，年申请量突破了 2 万件。2006 年至今处于上下波动的技术稳定期。说明目前在显示领域，LCD 技术已经趋于成熟，研发热度开始下降或开始出现技术瓶颈。

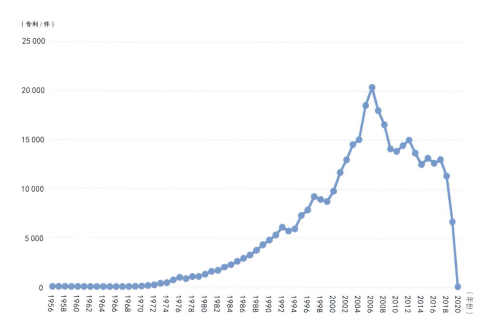

图 1.1　LCD 领域全球专利申请趋势

数据检索截止时间 2020 年 5 月 6 日为专利公开（公告）日，由于 2017 年之后的专利申请数据尚未完全公开，因此，之后的专利申请数据不作为参考。

1.1.2 主要国家（地区）及组织专利申请趋势

图 1.2 显示了 LCD 领域主要国家（地区）及组织专利申请趋势。可以看出，在该领域，欧美从 20 世纪 70 年代初就开始有专利申请，但长期以来始终没有大量专利布局。而在日本，从 1974 年开始，专利申请量就开始激增，在 30 年间专利布局量始终居于全球首位。韩国和美国作为专利公开国，从 20 世纪 80 年代开始重视专利布局，两国的专利布局量从 1984 年开始逐年上升，到 2005 年，韩国的专利布局量超越日本，成为全球第一。2006—2009 年间，日本、韩国以及中国台湾在 LCD 领域的专利布局量均开始下滑，而中国则超越这些国家及地区成为全球专利年布局量最多的国家。

图 1.2 还表明中国在 LCD 领域的专利申请量从 2000 年之后才开始迅速增长，但十年间增长速度超越了其他所有国家及地区，一跃成为全球专利布局的首选区域，说明中国在进入 21 世纪后成为全球 LCD 的主要市场。

图 1.2　LCD 领域主要国家（地区）及组织专利申请趋势

1.1.3 主要国家及地区申请人专利申请趋势

图 1.3 显示了 LCD 领域主要国家及地区申请人专利申请趋势，可以看出在该领域内，日本的研发水平远远高于其他国家及地区，在 1974—2011 年间，日本均为全球专利申请

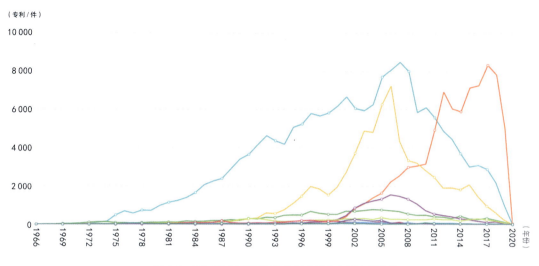

图 1.3　LCD 领域主要国家及地区申请人专利申请趋势

量第一的国家。中国虽然在 2012 年专利申请量超越日本，成为全球第一，但在该领域从 2000 年才开始起步，研发基础以及技术积累与日本相比还有一定的差距。韩国在该领域的技术研发起步于 20 世纪八九十年代，发展速度非常快，到 2006 年其专利申请量几乎与日本持平。除此之外，中国台湾在该领域的技术实力也不可小觑。到 2006 年之后，日本、韩国以及中国台湾在该领域的专利申请量即开始下降，全球在该领域的研发重心向中国大陆转移。欧美国家在该技术领域内的技术研发进行得较早，但长期以来均未形成气候，LCD 未发展成为这些区域的重点技术及重点产业。

图 1.3 还表明，日本申请人在 2006 年以后的专利申请量下降明显，相关资料表明，在 2004—2008 年之后，随着中国台湾和韩国 LCD 企业的量产，日本公司逐渐退出 LCD 产业。以专利权人为统计口径分析日本权利人近 20 年的专利申请趋势如图 1.4 所示。日立和松下的申请趋势已经持续下降 20 余年，尽管曾在 2002—2006 年有所反弹，但在此之后申请量逐年走低，日立和松下在 2011 年之后的申请量均已不足 200 件。夏普所持有的专利申请趋势的上涨态势则延续到 2010 年，之后也呈现出迅速下滑的态势。说明近 20 年来，日本企业在 LCD 领域内的优势已经逐渐减弱。

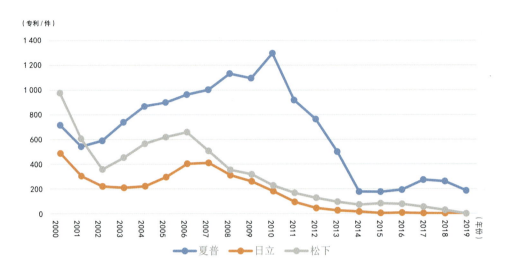

图 1.4 LCD 领域日本主要权利人专利全球申请趋势

1.1.4 国内专利申请趋势

国内专利申请趋势如图 1.5 所示，可以看出国内 LCD 技术研发主要集中在北京、广东、江苏和台湾。其中，广东的专利申请量最多，且呈现逐年增长的趋势；北京在该领域专利申请量已过最高点，处于稳定状态；江苏的申请量处于稳定增长的态势；台湾目前在该领域的研发处于衰退期，专利申请量逐年下降。在其他省份中，安徽和湖北在该领域的专利申请量近几年有所上升，说明该区域内进行了相关产业的布局或引进开发了新技术。

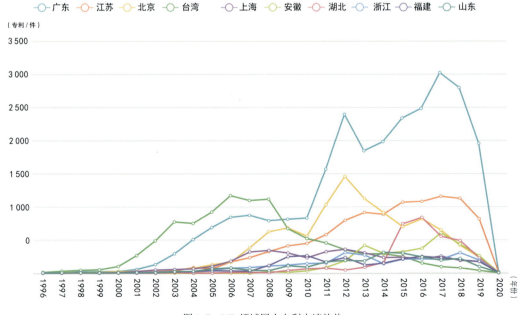

图 1.5 LCD 领域国内专利申请趋势

1.2 专利区域分布

1.2.1 主要国家（地区）及组织专利申请量、专利来源国（地区）排名

如图 1.6 所示为 LCD 领域主要国家（地区）及组织专利申请量排名，可以看出，虽然目前中国的年专利申请量在全球居于榜首（详见图 1.2），但基于过去半个多世纪的积累，日本的专利申请总量排名仍然位居世界第一，中国目前排名第二，这两个区域远远领先于全球其他国家（地区）。此外，排名前十中的公开区域中，韩国、美国以及中国台湾的专利量也较多，说明了全球 LCD 的主要市场及技术分布在日本、中国、韩国和美国这四个国家。

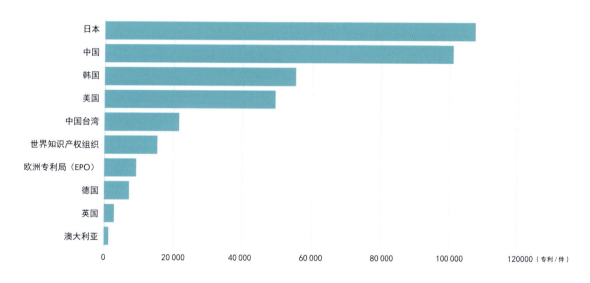

图 1.6　LCD 领域主要国家（地区）及组织专利申请量

虽然在专利布局方面，中国与日本差距不大，但是从研发实力，即如图 1.7 所示的 LCD 领域全球主要申请人国别（地区）排名来看，日本在该技术领域遥遥领先于其他国家（地区），其专利申请量是排名第二的中国的 2 倍之多。同时也说明在中国布局的专利很大一部分来自海外申请人。

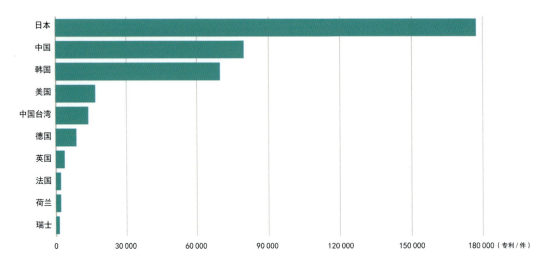

图 1.7 LCD 领域全球主要申请人国别（地区）

1.2.2　全球专利布局情况

图 1.8 反映了领域内主要国家（地区）及组织的专利布局策略，其中横轴为专利申请人国别（地区），纵轴为专利公开国国别（地区）及组织。可以看出，日本、中国和

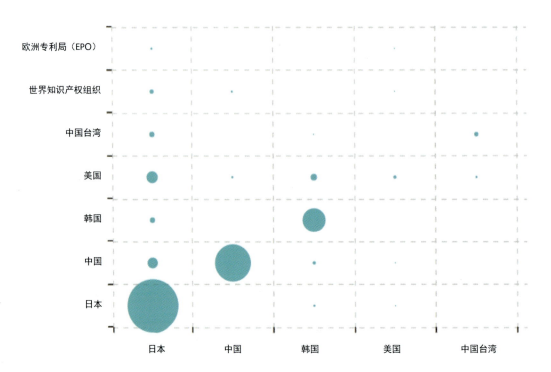

图 1.8 LCD 领域主要国家（地区）及组织申请人全球专利布局情况

韩国均主要布局本国专利。除了本国外，日本申请人主要在美国、中国和韩国布局专利；中国申请人主要在美国申请专利；韩国申请人主要在美国、中国和日本申请专利。因此，纵观全球主要申请人国家（地区）以及专利公开区域，美国为大部分申请人均会选择布局专利的国家，这一方面与市场空间有关，另一方面主要由于其严格的专利法律制度以及法律保护环境。另外，中国台湾在 LCD 领域具有重要的战略地位。从申请人国别（地区）角度看，日本在全球各主要国家（地区）均布局有 LCD 领域的专利，而中国的海外专利布局则比较薄弱。

1.2.3 中国专利申请情况

图 1.9 显示了 LCD 领域国内专利申请量排名。其中，广东的专利申请量最多，远远领先于其他地区；其次为江苏、北京和台湾，三个地区的申请量相差不大，属于第二梯队；第三梯队主要有上海、安徽、湖北、浙江等地。

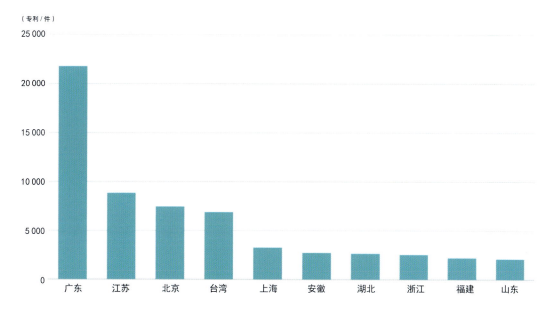

图 1.9　LCD 领域中国主要省市申请量

1.3　专利技术结构分析

本节针对 LCD 领域的材料、玻璃、驱动、硅基液晶、工艺改进 5 个技术分支的专利情况进行分析。

1.3.1　专利技术结构

图 1.10 显示了 LCD 领域全球各技术分支的专利数量。工艺改进方面的申请量最多，接近 15 万件；其次为材料和驱动领域，两者的申请量均在 11 万件上下；玻璃方面则有 2.6 万余件的申请量；硅基液晶的申请量较少，不到 6 000 件。

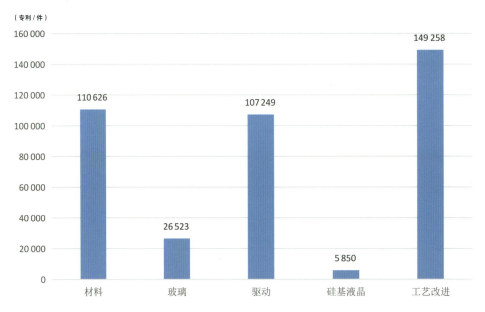

图 1.10　LCD 领域全球各技术分支专利数量

1.3.2　各技术分支专利申请趋势

如图 1.11 所示为 LCD 领域全球各技术分支的专利申请趋势，工艺改进、驱动和材料领域的申请趋势类似，三者均在 20 世纪 80 年代进入高速增长的阶段，并于 2006 年达到顶峰，随后呈现出逐渐下降的趋势。硅基液晶申请量的增长始于 20 世纪 90 年代，并于 2003 年达到顶峰，随后至 2014 年申请量逐渐滑落，在此之后则有小幅反弹。在玻璃领域，从 20 世纪 70 年代就进入发展阶段直至 2006 年，2006 年以后申请量则呈现出上下波动的趋势。

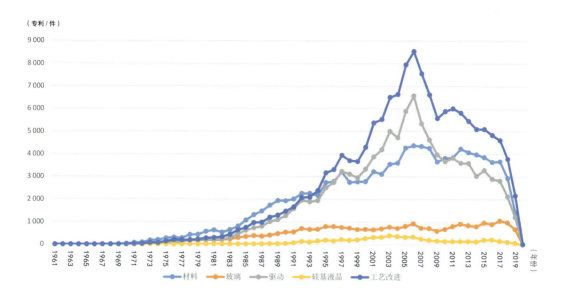

图1.11 LCD领域全球各技术分支专利申请趋势

1.3.3 各技术分支全球专利布局情况

图1.12为LCD领域各技术分支在全球主要区域专利布局情况,各技术分支布局情况与LCD整体的布局情况基本一致,主要公开国为日本、中国、韩国和美国。在材料领域,

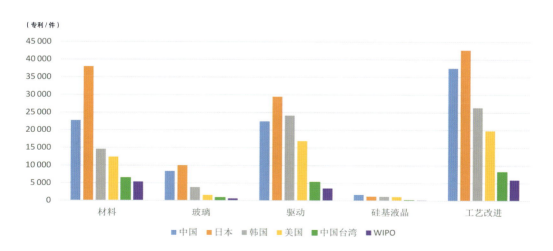

图1.12 LCD领域各技术分支在全球主要区域专利布局情况

在日本公开的专利数量遥遥领先于其他国家，超过了 3.5 万件，其次为中国，专利数量超过了 2 万件，韩国和美国公开的专利数量也在 1 万件以上。在玻璃领域，日本公开的专利数量最多，接近 1 万件，中国公开的数量紧随其后。在驱动领域，依然是日本专利数量遥遥领先，其次为韩国，之后为中国和美国。在硅基液晶领域，中国公开的专利数量居首，其次为日本、韩国和美国。在工艺改进领域，日本公开专利的数量最多，超过了 4 万件，其次为中国，韩国和美国专利也有一定的数量。

从如图 1.13 所示的 LCD 领域各技术分支的申请人来源区域专利申请量来看，日本申请人在材料、玻璃、驱动、硅基液晶和工艺改进领域全部占据着优势，且在材料和工艺改进领域的优势非常巨大。韩国申请人则在驱动、材料和工艺改进领域排名第二，也有着不俗的实力。中国申请人则在玻璃领域排名第二，在材料领域和韩国申请人不相上下，在驱动和工艺改进领域稍落后于韩国申请人。

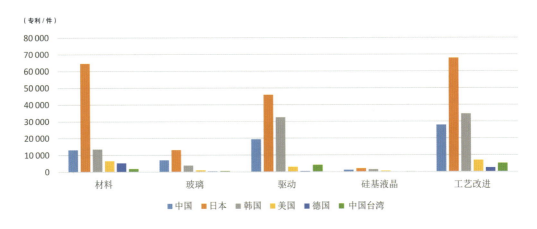

图 1.13 LCD 领域各技术分支申请人来源区域专利申请量

1.3.4 各技术分支国内申请情况

如图 1.14 所示为 LCD 领域各技术分支的国内申请情况，LCD 领域的专利申请区域主要为广东、北京、江苏、台湾、上海和湖北。广东省在材料、玻璃、驱动和工艺改进领域均占据着非常明显的优势，在硅基液晶领域广东的申请量也是最多，但与其他省市的差距不大。江苏省在材料和玻璃领域也有一定量的申请，排名第二。北京则在驱动和工艺改进领域排名第二，也有一定的实力。台湾在材料、驱动和工艺改进领域均有一定的申请量。

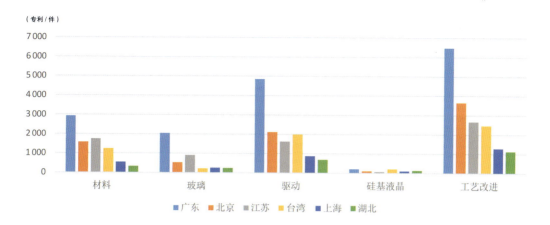

图1.14　LCD领域各技术分支国内主要省市分布

1.3.5　各技术分支国内专利有效性

如图1.15所示为LCD领域国内专利申请的法律状态分布，领域内授权且维持有效的国内专利占比为44.84%，专利有效性较为一般；处于实质审查状态的专利占比为10.64%，占比较少，说明近年来的发明专利申请占比不多，另有0.52%的专利申请处

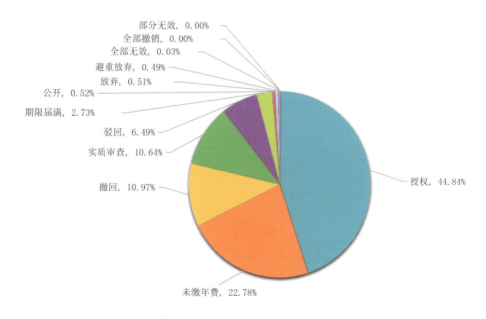

图1.15　LCD领域国内专利法律状态分布

于公开状态。从失效原因分析，占比最多的是由于未缴年费而失效的专利，比例高达22.78%；其次为撤回，有接近11%的比例；被驳回而失效的占比为6.49%；由于期限届满而失效的比例为2.73%；由于放弃和无效等原因失效的专利占比均较少。整体来看，LCD领域国内专利的有效占比较为一般，专利授权后的维护工作做得不好，专利申请的整体质量有待提高。

由于各技术分支在整个产业领域的研发难度以及重要性不同，其国内专利的有效性也不同，如图1.16所示。可以看出，驱动领域的有效性最高，超过了50%。审中比例最高的为材料领域，超过了18%。失效比例最高的为硅基液晶领域，达到了43.3，失效比例最低的为驱动领域，但也有36.4%。总体来说，领域内的专利审中比例不多，失效占比较高。

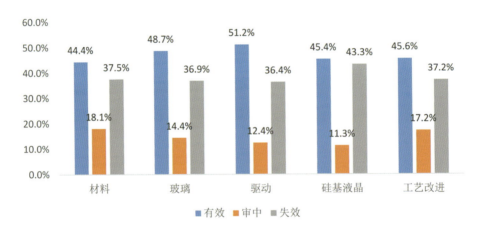

图1.16　LCD各技术分支国内专利有效性

1.4 专利申请人分析

1.4.1 全球专利主要申请人

申请人的统计包含关联公司的统计，例如：申请人三星的统计包含三星 SDI、三星移动显示器、三星显示、三星电子等申请人。各申请人的具体关联公司详见附录 3。

如图 1.17 所示为 LCD 领域全球专利申请人排名。虽然全球申请量日本居于首位（详见图 1.6），但就单个申请人而言，韩国的实力较强，申请量排名前两位的均为韩国企业，分别为 LG 以及三星，二者的申请量均超过了 2 万件。日本的夏普排名第三，申请量接近 2 万件。中国的华星光电排名第四，申请量为 1.3 万余件。排名五至七位的均来自日本，分别是日立、松下和精工爱普生。中国的京东方排名第八，申请量接近 1 万件，日本的东芝和富士紧随其后。总体来说，领域内的重要申请人由中、日、韩三国包揽。韩国申请人的专利申请量占据较大的优势，而日本申请人排名前十的数量较多，前十中占有六席。

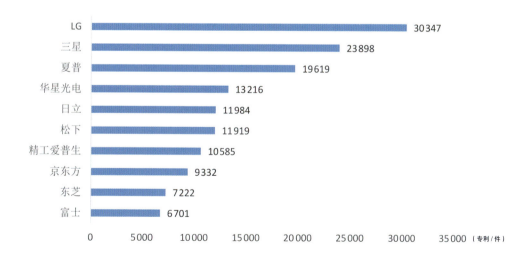

图 1.17 LCD 领域全球专利主要申请人

1.4.2　中国专利主要申请人

LCD 领域内中国专利申请人排名前十位如图 1.18 所示。华星光电以 6 947 件的申请量排名第一，京东方以 5 732 件的申请量紧随其后。排名第三、四位的是韩国申请人，分别为 LG 和三星。之后为日本的夏普和中国台湾的友达光电，申请量均在 2 000 件之上。排名七至十位的分别为群创光电、龙腾光电、精工爱普生和富士。总体来说，中国专利方面，国内申请人华星光电和京东方占有一定的优势，韩国和日本申请人在中国也有着一定数量的专利布局，实力不容小觑。

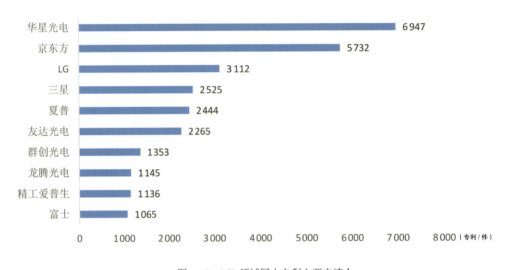

图 1.18　LCD 领域国内专利主要申请人

1.4.3　中国专利中国申请人与国外申请人宏观分析

如图 1.19 和图 1.20 所示分别为中国专利中国申请人申请趋势和中国专利国外申请人申请趋势。从申请趋势上看，国外申请人的专利申请数量虽然总量不及国内申请人，但是起步较早，1991 年就开始有一定量的申请，1999 年以后进入高速增长的阶段，并于 2006 年到达顶峰，随后逐渐步入下降通道。中国申请人则是从 2000 年开始直接进入高速增长的阶段，中间虽然有些年份有所回落，但整体上呈现出快速上涨的趋势。

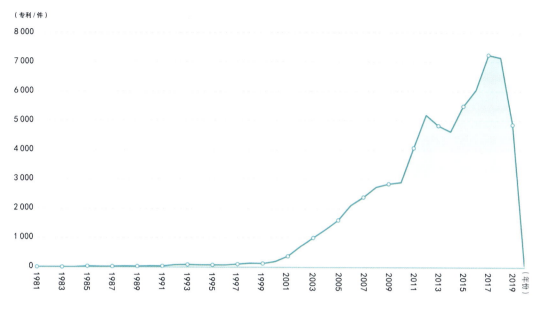

图1.19　中国专利中国申请人申请趋势

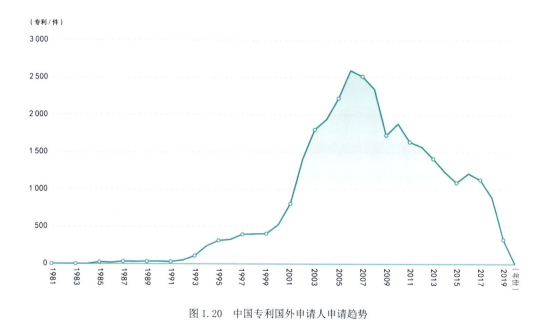

图1.20　中国专利国外申请人申请趋势

如图1.21所示为中国专利国内外申请人的法律状态对比，可以发现，国内申请人在有效占比和审中占比均占据优势，国外申请人的失效比例比国内申请人的要高。

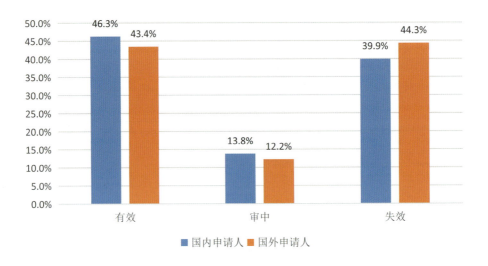

图1.21　中国专利国内外申请人法律状态对比

1.4.4　各技术分支全球主要申请人

1.4.4.1　LCD材料全球主要申请人

如图1.22所示，在LCD材料领域，韩国LG的专利申请量居首，高达5 465件。其次为日本的夏普和富士。德国的默克专利排名第四，之后为韩国的三星和日本的日立、捷恩智、精工爱普生、大日本油墨以及佳能。可以看出，LCD材料领域的主要申请人来自日本和韩国，德国的默克专利也有一席之地，而中国申请人未进入前十。

1.4.4.2　LCD玻璃全球主要申请人

如图1.23所示，在LCD玻璃领域，排名居首的依然是韩国的LG，申请量达到了1 319件。排名二至四位的均来自日本，分别是松下、夏普、日立，三者的申请量均超过了1 000件。其后为韩国的三星和中国的华星光电，申请量均在800件以上。排名七至十位的分别是精工爱普生、东芝、京东方和富士。整体来看，LCD玻璃领域的主要申请人均来自韩国、日本和中国，其中日本申请人有着较大的集群优势。

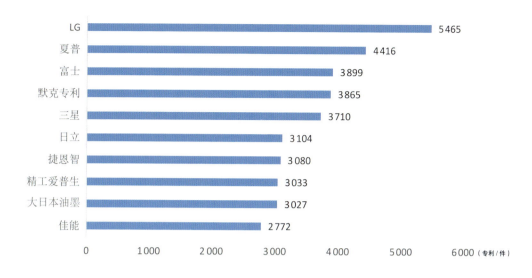

图 1.22 LCD 材料全球主要申请人

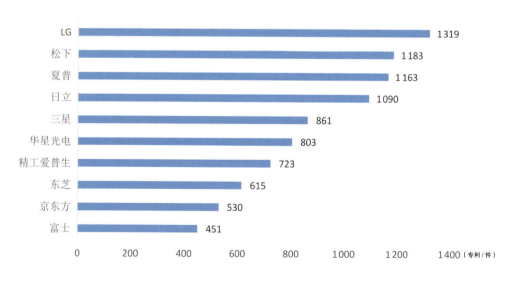

图 1.23 LCD 玻璃全球主要申请人

1.4.4.3　LCD 驱动全球主要申请人

如图 1.24 所示，在 LCD 驱动领域，申请人排名居首的为韩国的 LG，其申请量超过了 1.6 万件，遥遥领先于其他申请人。排名第二的为韩国的三星，申请量也超过了 1 万件。日本的夏普和中国的华星光电排名三、四位。日立和松下的申请量均接近 4 100 件，排名五至六位。其后为京东方、精工爱普生、东芝和友达光电。总体来说，LCD 驱动领域韩国申请人的优势较为明显，日本和中国申请人也有一定的专利申请量。

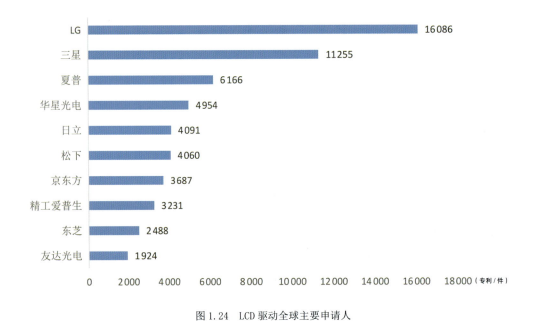

图 1.24　LCD 驱动全球主要申请人

1.4.4.4　LCD 硅基液晶全球主要申请人

如图 1.25 所示，在 LCD 硅基液晶领域，LG 处于一枝独秀的地位，以 793 件的申请量大幅领先于其他主要申请人。排名第二的为同样来自韩国的三星，申请量为 384 件。中国的华星光电也有一定的实力，275 件的申请量排名第三。排名四至七位的均为日本申请人，包括松下、精工爱普生、日立、东芝、夏普。排名后三位的是来自中国台湾的友达光电、日本的株式会社半导体能源研究所和中国的京东方。整体来说，韩国申请人在 LCD 硅基液晶领域内占据着较大的优势，排名前十的申请人中则是日本申请人较多，有着集群优势，中国申请人在领域内也有一定的申请量。

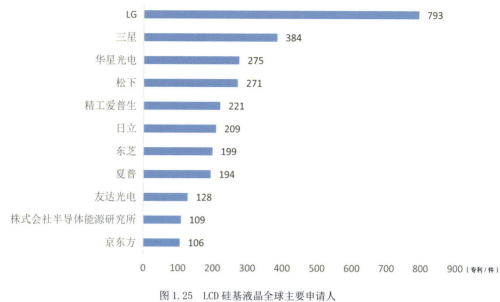

图 1.25　LCD 硅基液晶全球主要申请人

1.4.4.5　LCD 工艺改进全球主要申请人

如图 1.26 所示，在 LCD 工艺改进领域，依然是来自韩国的 LG 和三星占据绝对优势，排名前两位，二者的申请量均在 1 万件以上。排名第三的为日本的夏普，之后为中国的华星光电、日本的精工爱普生、中国的京东方。排名七到十位的均为日本申请人，分别是松下、富士、日立和东芝。总体来说，韩国申请人在 LCD 工艺改进领域具有领先优势，日本申请人和中国申请人也有一定的实力。

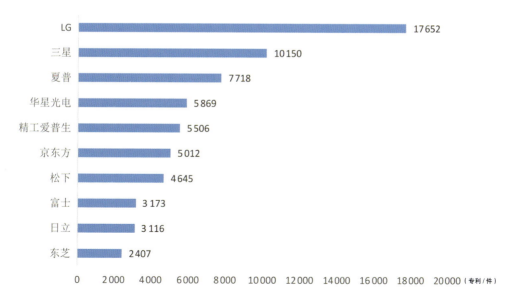

图 1.26　LCD 工艺改进全球主要申请人

1.5 世界知识产权组织 PCT 申请情况

1.5.1 世界知识产权组织 PCT 总体申请趋势

如图 1.27 所示，LCD 领域内的世界知识产权组织 PCT 申请共计 15 407 件，领域内的专利申请始于 20 世纪 80 年代初，1994 年以前均处于技术萌芽期，专利申请量的增长较为缓慢。1994 年以后，领域内的世界知识产权组织 PCT 申请逐渐进入快车道，年申请量增长明显并于 2012 年达到顶点，之后的申请量则上下波动并逐渐回落。

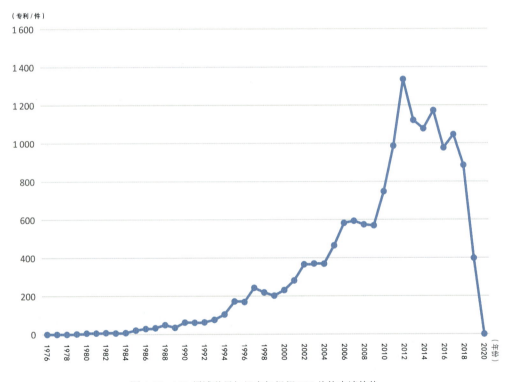

图 1.27　LCD 领域世界知识产权组织 PCT 总体申请趋势

如图 1.28 所示，LCD 领域内的世界知识产权组织 PCT 申请在 2012 年之前，一直由来自日本的申请人占据着主导地位。2012 年开始，中国申请人的世界知识产权组织 PCT 申请数量逐渐超越日本，跃升至世界第一。韩国及美国申请人的世界知识产权组织 PCT 申请数量始终较少。

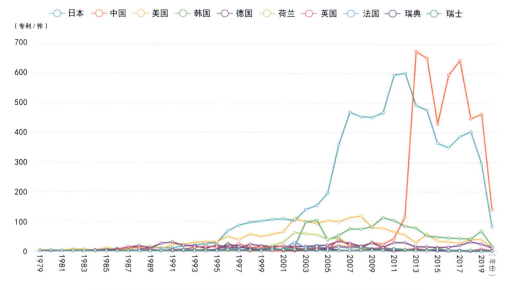

图 1.28　LCD 领域根据申请人国别划分的世界知识产权组织 PCT 申请趋势

如图 1.29 所示，在 LCD 领域的世界知识产权组织 PCT 申请中，来自日本申请人的数量最多，占比高达约 48%。得益于近几年来世界知识产权组织 PCT 申请量的快速增长，申请人来自中国的世界知识产权组织 PCT 数量排名第二，占比约 28%。排名第三的为美国申请人，占比约 8%。韩国申请人以约 6% 的申请量排名第四。

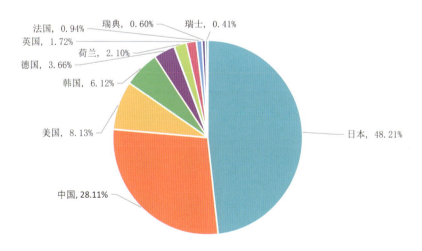

图 1.29　LCD 领域世界知识产权组织 PCT 申请来源国分布图

1.5.2 各技术分支世界知识产权组织 PCT 申请情况

如图 1.30 所示，在 LCD 领域内世界知识产权组织 PCT 申请数量最多的技术分支为工艺改进领域，世界知识产权组织 PCT 申请量达到了 5 496 件，紧随其后的为材料领域，申请量达到了 5 389 件。之后为驱动领域，世界知识产权组织 PCT 申请量有 3 560 件。玻璃、硅基液晶领域的世界知识产权组织 PCT 申请量则较少，分别只有 637 件、189 件。

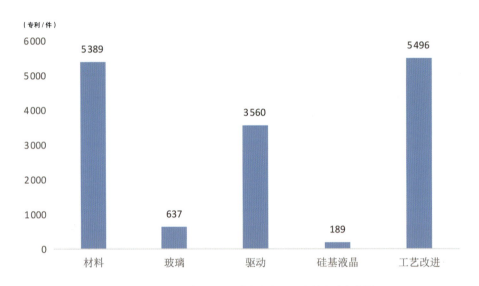

图 1.30 LCD 领域世界知识产权组织 PCT 各技术分支数量

如图 1.31 所示，材料、驱动和工艺改进领域的世界知识产权组织 PCT 申请走势较为类似，三者均起步于 20 世纪 80 年代，并于 1994 年开始进入快速上涨的通道，2012 年创下新高，随后申请量呈现出逐渐回落的趋势。玻璃和硅基液晶领域的世界知识产权组织 PCT 申请量则相对较少，整体波动幅度也不是很大。

如图 1.32 所示，在各技术分支的世界知识产权组织 PCT 申请来源国中，日本申请人在材料领域占据着绝对的优势，在玻璃和工艺改进领域也有一定的领先地位。中国申请人在驱动领域排名第一，但与日本申请人的差距不大。在硅基液晶领域则是中国和美国的申请人占据一定的优势。

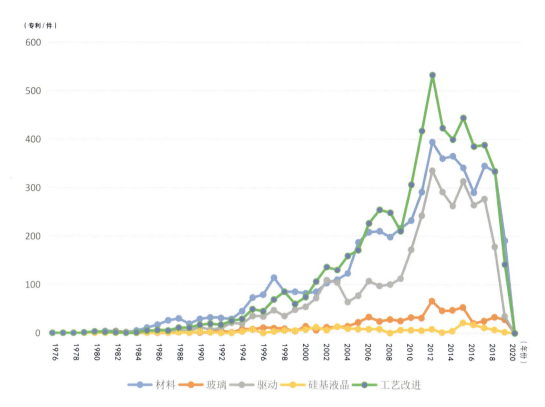

图1.31 LCD领域世界知识产权组织PCT各技术分支申请趋势

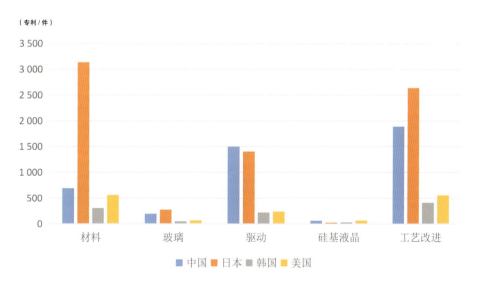

图1.32 LCD领域世界知识产权组织PCT各技术分支申请来源国

如图 1.33 所示，目前来看，中国申请人华星光电在世界知识产权组织 PCT 申请方面占据着一定的优势，以 2 961 件的申请量排名全球第一。日本申请人夏普以 2 192 件的申请量排名第二。京东方排名第三，申请量为 618 件。富士、大日本油墨、尼桑化学排名四至六位。来自欧洲的默克专利和飞利浦紧随其后。排名后两位的则是韩国申请人 LG 与三星。整体来说，LCD 领域的世界知识产权组织 PCT 主要申请人以中国和日本申请人为主，韩国申请人的申请数量并不多。

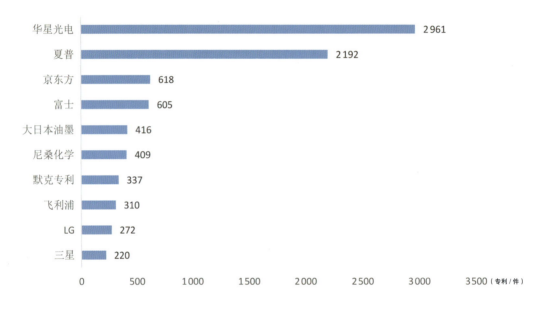

图 1.33　LCD 领域世界知识产权组织 PCT 主要申请人

1.6 核心专利申请情况

1.6.1 核心专利公开国（地区）及组织情况

核心专利评价流程及评价体系如附录1、2所示。截至2020年5月7日，全球在LCD领域的核心专利有13 615件。具体分布情况如图1.34所示，其中中国专利占约64%，排名第一；其次为美国专利，占比约25%；在日本和韩国布局的核心专利较少，分别约为6%和3%。总体来看，领域内的核心专利的申请人都十分注重在中国和美国的专利布局，这也从侧面说明中国和美国的LCD市场规模较大。

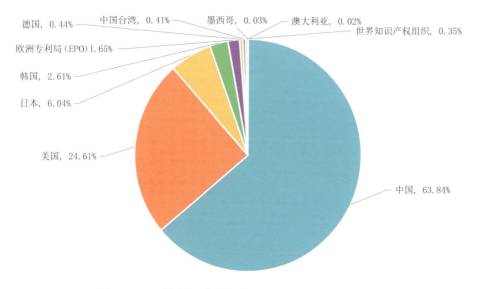

图1.34 LCD领域核心专利全球公开国别（地区）及组织分布

1.6.2 核心专利申请国（地区）情况

如图1.35所示，从LCD领域核心专利的申请人国别（地区）来看，日本申请人的核心专利数量最多，占比接近半数；其次为韩国申请人，占比也超过了四分之一；中国申请人排名第三，占比仅超过了10%。整体来看，LCD领域的核心专利主要掌握在日本和韩国申请人手中，两者占比之和超过了四分之三的比例，中国申请人在LCD领域的专利质量方面还有待大幅提高。

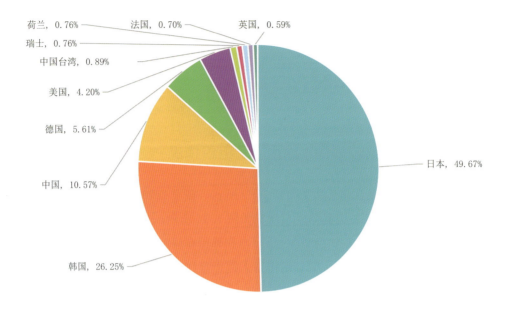

图 1.35　LCD 领域核心专利全球申请人国别（地区）分布

1.6.3　核心专利技术分布情况

如图 1.36 所示，在 LCD 核心专利的各项技术分支上，中国专利的数量在材料、玻璃、驱动、硅基液晶和工艺改进领域均排名第一，且所有领域优势都较为明显。美国专利的数量在各领域则排名第二，日本及韩国的专利公开数量较少。

如图 1.37 所示，从申请人国别分布上来说，日本申请人在材料和工艺改进领域的核心专利数量上占据着绝对的优势，核心专利申请量大幅领先。而在玻璃、驱动和硅基液晶领域日本申请人核心专利申请量也排名第一，但与排名第二的申请人相差不大。韩国申请人在材料、驱动、硅基液晶和工艺改进领域均排名第二，其中驱动领域的核心专利申请量与日本申请人不相上下。中国申请人仅在玻璃领域排名第二，其他领域的申请量与排名第一的日本申请人均有较大的差距。

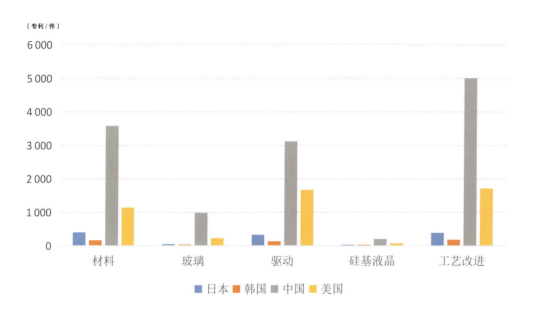

图 1.36　LCD 核心专利各技术分支全球专利公开国国别分布

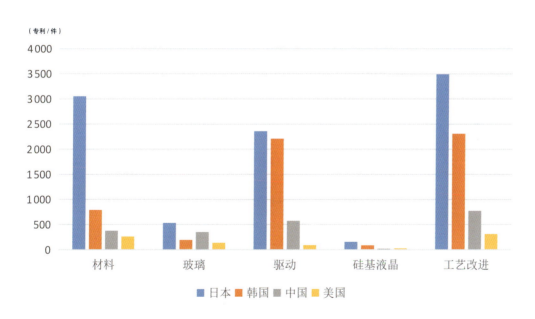

图 1.37　LCD 核心专利各技术分支全球专利申请人国别分布

1.6.4 核心专利主要申请人分布情况

1.6.4.1 LCD整体核心专利主要申请人排名

如图 1.38 所示，按照核心专利申请量排名，LG 以 1 628 件的申请量排名第一，从数量上看占据着绝对的优势。三星排名第二，申请量也有 976 件。排名第三和第四的为日本的株式会社半导体能源研究所和夏普，申请量分别为 687 和 675 件。紧随其后的分别为德国的默克专利、日本的日立、中国的京东方，三者的核心专利申请量均在 400 件以上。排名八至十位的均为日本申请人，分别为松下、精工爱普生、富士。整体来看，领域内的核心专利主要由韩国申请人和日本申请人牢牢把持。

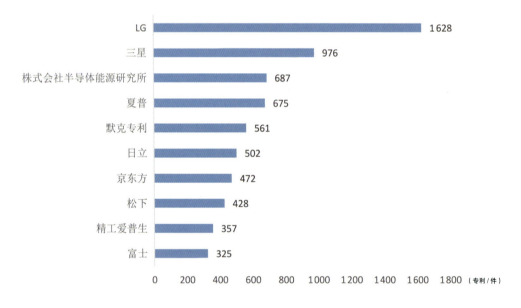

图 1.38 LCD 整体核心专利主要申请人

1.6.4.2 LCD材料核心专利主要申请人排名

如图 1.39 所示，在 LCD 材料领域，来自德国的默克专利的核心专利申请量全球居首，其次为韩国的 LG。排名三至五位的均是来自日本的申请人，分别为捷恩智、夏普和富士。

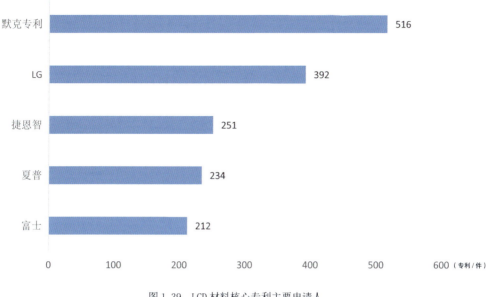

图 1.39　LCD 材料核心专利主要申请人

1.6.4.3　LCD 玻璃核心专利主要申请人排名

如图 1.40 所示，在 LCD 玻璃领域，来自中国的京东方以 104 件的申请量排名第一，韩国的 LG 则以 98 件的申请量紧随其后。排名第三的为美国的康宁，其申请量为 70 件。中国的华星光电和东旭集团排名四至五位。整体来说，中国申请人在 LCD 玻璃领域的表现较为突出。

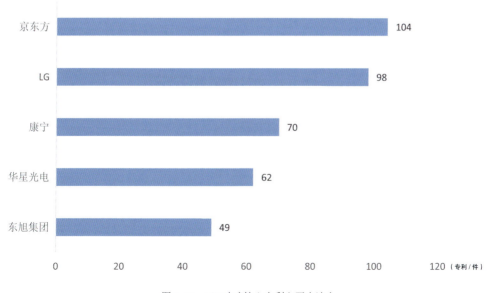

图 1.40　LCD 玻璃核心专利主要申请人

1.6.4.4　LCD 驱动核心专利主要申请人排名

如图 1.41 所示，在 LCD 驱动领域，韩国的 LG 以 981 件的核心专利申请量排名第一，韩国的三星排名第二，申请量为 662 件。排名三至五位的申请人均来自日本，分别为株式会社半导体能源研究所、夏普和日立，申请量均在 300 件以上。

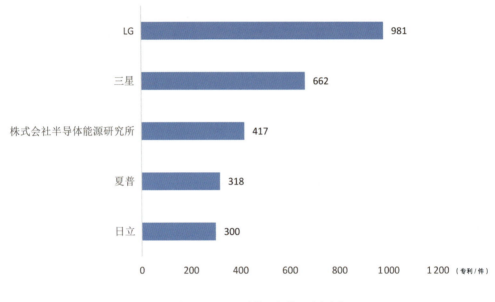

图 1.41　LCD 驱动核心专利主要申请人

1.6.4.5　LCD 硅基液晶核心专利主要申请人排名

如图 1.42 所示，在 LCD 硅基液晶领域，来自韩国的 LG 以 46 件的核心专利申请量排名第一。排名第二的为日本的株式会社半导体能源研究所，其申请量为 38 件。排名第三的为日本的日立，也有着 31 件的申请量。排名四、五位的是韩国的三星和日本的精工爱普生。

1.6.4.6　LCD 工艺改进核心专利主要申请人排名

如图 1.43 所示，在 LCD 工艺改进领域，韩国的 LG 以 1 227 件的核心专利申请量位居全球第一，韩国的三星以 530 件的申请量排名第二。来自日本的株式会社半导体能源研究所和夏普排名三、四位。中国的京东方以 307 件的申请量排名第五。

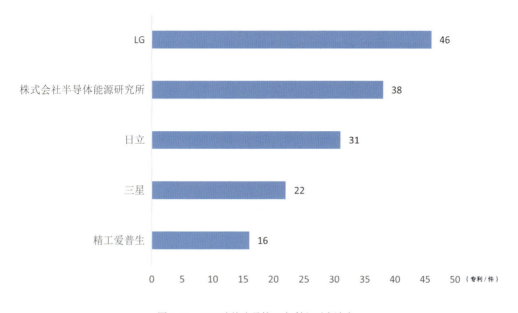

图 1.42　LCD 硅基液晶核心专利主要申请人

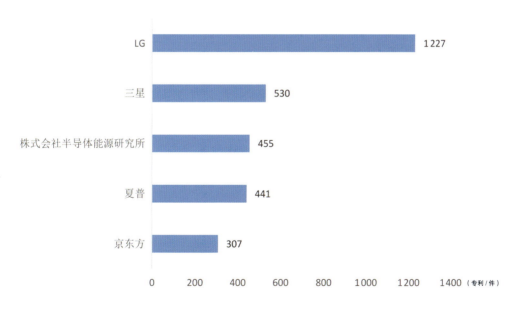

图 1.43　LCD 工艺改进核心专利主要申请人

1.7 总结

1. LCD 技术发展历史悠久，目前已处于技术成熟期

LCD 技术起源于 20 世纪六七十年代，距今已有半个多世纪，到 2006 年全球专利申请量达到最高点，随后开始缓慢下降，进入稳定期，技术已经相对成熟。

2. 技术始于欧美，高速发展于日本、韩国、美国，中国后来居上

欧美从 20 世纪 70 年代初就有专利申请，但长期以来并未在该领域大量布局专利。日本从 1974 年开始大量申请专利，在 30 年间专利布局量始终占据全球首位，然而近 20 年来，日本企业在 LCD 领域内逐步退出，其优势已经逐渐消失。韩国及美国的专利布局量从 1984 年开始上升，到 2007 年后开始有所下降。中国技术发展较晚，但 2000 年以后，专利申请量激增，目前已成为全球专利年布局量最多的国家，专利布局总量排名第二。

3. 全球研发实力日本最强，中韩次之，国内技术研发主要集中在北京及广东

来自日本申请人的专利居于全球首位，且远超全球其他区域，约为排名第二的中国申请人的 2 倍有余，可见日本在 LCD 领域发展初期的研发实力之强，但是近 10 年以来，日本专利权人在 LCD 领域的研发投入及专利申请量下降明显。中国和韩国申请人的专利申请量较为接近，分布排名第二、第三。此外，中国台湾以及美国在领域内的研发实力也较强。就中国大陆而言，技术主要来源于广东、江苏和北京一带，其中广东的申请量最多，且处于不断发展中。

4. 各区域申请人的全球专利布局策略各有不同，日本的海外专利布局数量较多

从全球专利布局角度来看，日本、中国和韩国均主要布局本国专利，除此之外，日本申请人在全球各主要国家均布局有 LCD 领域的专利。相对而言，中国的海外专利布局策略相对保守，布局较为薄弱。

5. LCD 技术领域，工艺改进方面的专利申请量最多，硅基液晶最少

从 LCD 各技术细分领域来看，工艺改进方面的申请量最多。其次为材料和驱动领域。LCD 玻璃和涉及硅基液晶的申请量较少。工艺改进、驱动和材料领域的申请趋势极为类似，三者均在 20 世纪 80 年代进入高速增长的阶段，并于 2006 年达到顶峰，随后呈现出逐渐下降的趋势。硅基液晶申请量的增长始于 20 世纪 90 年代，并于 2003 年达到顶峰。在 LCD 玻璃领域，其从 20 世纪 70 年代就进入发展阶段直至 2006 年，2006 年以后申请量则呈现出上下波动的趋势。各技术分支布局情况与 LCD 整体的布局情况基本一致，主要公开国为日本、中国、韩国和美国。从技术分支的申请人国别（地区）排行来看，日本

申请人在材料、玻璃、驱动、硅基液晶和工艺改进领域全部占据着优势，材料和工艺改进领域的优势非常巨大。

6. LCD 领域，LG 的专利申请量全球最多，日本申请人排名前十的数量较多

就单个申请人而言，韩国的实力较强，申请量排名前两位的均为韩国企业，分别为 LG 以及三星。总体来说，领域内的重要申请人由中、日、韩三国包揽。韩国申请人的专利申请量占据较大的优势，而日本申请人排名前十的数量较多，前十中占有六席。中国专利方面，中国申请人华星光电和京东方占有一定的优势，韩国和日本申请人在中国也有着一定数量的专利布局，实力不容小觑。

7. 领域内世界知识产权组织 PCT 专利主要集中在工艺改进和材料方面，来自日本和中国的申请量最高

在 LCD 领域的世界知识产权组织 PCT 申请中，来自日本申请人的数量最多，申请人来自中国的世界知识产权组织 PCT 数量排名第二。领域内世界知识产权组织 PCT 申请数量最多的技术分支为工艺改进领域，紧随其后的为材料领域，驱动领域也有一定的申请量，玻璃、硅基液晶领域的世界知识产权组织 PCT 申请量则较少。整体来说，LCD 领域的世界知识产权组织 PCT 主要申请人以中国和日本申请人为主，华星光电和夏普表现突出，韩国申请人的申请数量并不多。

8. 中国公开的核心专利最多，核心专利量最多的申请人为韩国的 LG

领域内在中国公开的核心专利数量最多，其次为美国。核心专利申请来源国方面，日本申请人的核心专利数量最多，占比接近半数。其次为韩国申请人，占比也超过了四分之一。中国申请人排名第三，占比仅超过了 10%。

在 LCD 核心专利的各项技术分支上，中国专利的数量在材料、玻璃、驱动、硅基液晶和工艺改进领域均排名第一，且所有领域优势都较为明显。美国专利的数量在各领域则排名第二，日本及韩国的专利公开量较少。

日本申请人在材料和工艺改进领域的核心专利数量上占据着绝对的优势，核心专利申请量大幅领先。而在玻璃、驱动和硅基液晶领域日本申请人核心专利申请量也排名第一，但与排名第二的申请人相差不大。韩国申请人在材料、驱动、硅基液晶和工艺改进领域均排名第二。中国申请人仅在玻璃领域排名第二，其他领域的申请量与排名第一的日本申请人均有较大的差距。

从核心专利的总体数量来说，LG 排名第一，从数量上看占据着绝对的优势。领域内的核心专利主要由韩国申请人和日本申请人牢牢把持，中国的京东方进入全球前十。

在 LCD 材料领域，来自德国的默克专利的核心专利申请量全球居首，其次为韩国的 LG。在 LCD 玻璃领域，来自中国的京东方排名第一，韩国的 LG 紧随其后。在 LCD 驱动领域，韩国的 LG 排名第一，三星排名第二。在 LCD 硅基液晶领域，LG 第一，排名第二的为株式会社半导体能源研究所。在 LCD 工艺改进领域，LG 和三星占据头两位。

第二章 OLED 显示技术知识产权研究分析

2.1 发展趋势

2.1.1 全球专利总体申请趋势

截至 2020 年 4 月 20 日,全球在 OLED 领域的专利量为 217 945 件,图 2.1 为 OLED 领域全球专利申请趋势图,可以看出,1991 年以前,领域内的专利申请量都较少,仅有零星的申请。1991 年以后,整体专利申请趋势有所增长,申请量逐年上升。进入 2000 年以后,年申请量开始加速上扬,并于 2005 年到达了第一次研发高峰,随后到 2007 年进入小幅调整的阶段。2008 年开始,领域内的专利申请量重回上涨通道,并于 2013 年和 2017 年分别来到第二次、第三次研发高峰。整体上来看,专利申请量为一个逐步增长的态势,整个领域处于技术发展期。

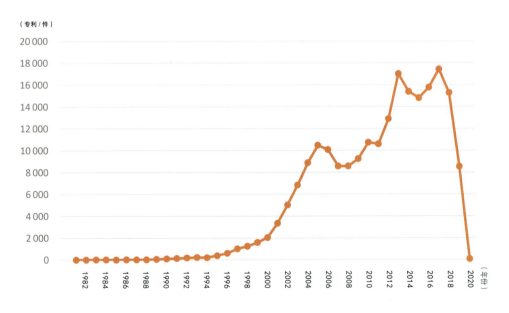

图 2.1 OLED 领域专利全球申请趋势图

数据检索截止时间 2020 年 4 月 20 日为专利公开(公告)日,由于 2017 年之后的专利申请数据尚未完全公开,因此,之后的专利申请数据不作为参考。

2.1.2 主要国家及地区专利申请趋势

图 2.2 显示了 OLED 领域主要国家及地区专利申请趋势。目前在中国申请公开的专利量已居全球榜首，预测未来与其他区域的差距将进一步拉大。2010 年以前，领域内日本公开的专利数量一直处于领先地位，韩国和美国则紧随其后。2010 年以后，韩国专利与美国专利的数量先后大幅上升，韩国专利在 2011 年之后呈现出一波加速上涨的趋势，2013 年以后则逐渐回落，美国专利则在 2013 年开始进入强势期并维持至 2017 年以后才出现较为明显的下降趋势，而由于 2017 年后的专利尚未完全公开，因此 2017 年后的专利申请情况无法真实反映现状，但仍能确定的是，目前全球 OLED 专利的主要布局区域为中国、美国、日本和韩国。

造成国内专利申请大幅上升的原因主要有：① OLED 全球主要市场由日本、美国和韩国逐步向国内转移，引导各研发主体在中国布局专利；② 中国专利保护制度的不断完善促使国内申请人在近几年加大专利申请力度。

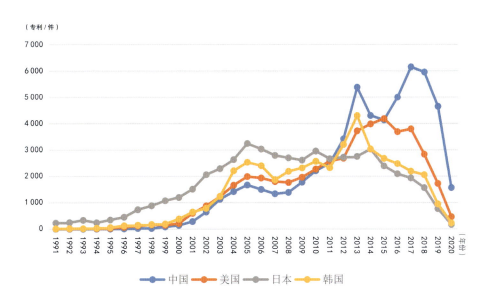

图 2.2　OLED 领域主要国家及地区专利申请趋势

2.1.3 主要国家（地区）及组织申请人专利申请趋势

图 2.3 显示了 OLED 领域主要国家（地区）及组织申请人专利申请趋势，可以看出目前在该领域内，中国的研发实力在全球已经名列前茅。2017 年，中国的申请人在全球的年专利申请量已超越韩国，成为世界第一。韩国申请人自 2005 年超越日本以后，在后续的 12 年间申请量几乎一直维持着世界第一，实力不可小觑。除此之外，日本的研发实力也非常雄厚，但是近年来后继乏力，研发成果数量逐年下降。

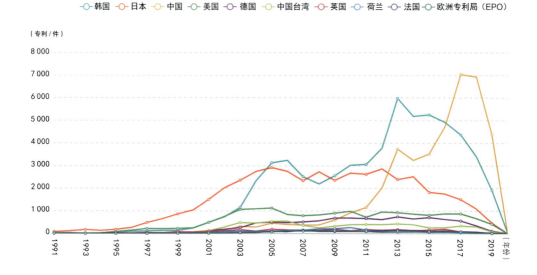

图 2.3　OLED 领域主要国家（地区）及组织申请人专利申请趋势

2.1.4 国内专利申请趋势

OLED领域国内专利申请趋势如图2.4所示，可以看出台湾在该领域的研发最早，2000年左右起步，2005年达到研发高峰，随后的研发力度则逐渐减弱。从大陆省市来看，广东起步较早，2010年开始专利申请量大幅增加，并于2013年创下历史高点。北京于2012年左右开始发力并于2014年超越广东的申请量跃居第一，2016年以后，广东和北京的申请量处于并驾齐驱的态势。

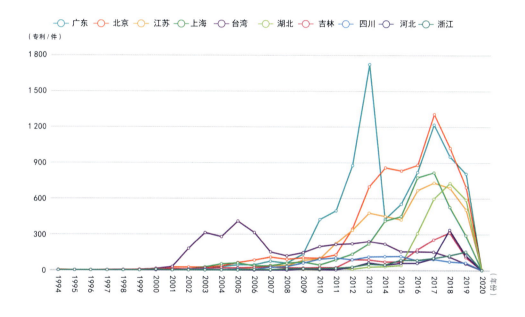

图2.4 OLED领域国内专利申请趋势

2.2 专利区域分布

2.2.1 主要国家（地区）及组织专利申请量、专利来源国（地区）排名

如图 2.5 所示为 OLED 领域主要国家（地区）及组织专利申请量排名，可以看出，中国目前已成为 OLED 领域排名第一的专利申请国家，且与排名第二的美国拉开了一定的差距。排名第三和第四的为日本和韩国，然后是中国台湾和德国。这从一定程度上反映了 OLED 的全球市场分布情况，中国已成为该领域的主要市场，其次为美国、日本和韩国。

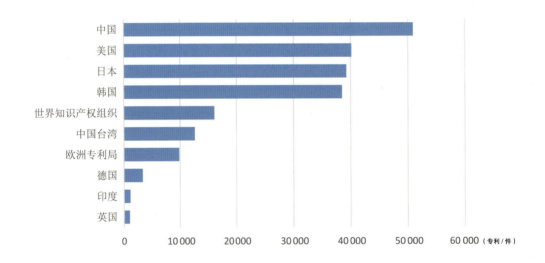

图 2.5　OLED 领域主要国家（地区）及组织专利申请量

如图 2.6 所示，从 OLED 领域申请人国别（地区）及组织排名情况看，中国与韩国、日本尚存在较大差距，在全球排名第三，这说明在中国申请的很大一部分专利来自海外申请人，主要来自韩国和日本的申请人。

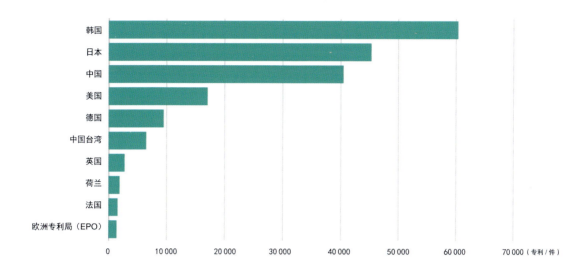

图 2.6　OLED 领域全球主要申请人国别（地区）及组织

2.2.2　全球专利布局情况

图 2.7 反映了 OLED 领域主要国家（地区）及组织的专利布局策略，其中横轴为专利申请人国别（地区），纵轴为专利公开国国别（地区）及组织。可知中国专利除了主要来自国内申请人外，尚有很大一部分来自韩国、日本、美国申请人；在韩国布局的专利中，

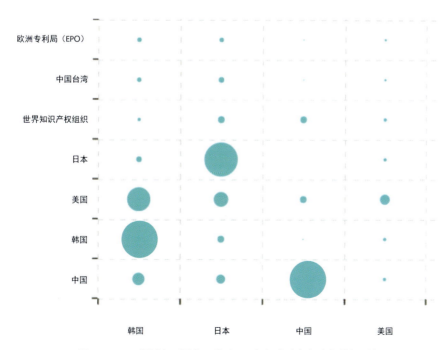

图 2.7　OLED 领域主要国家（地区）及组织申请人全球专利布局情况

主要来自韩国本国申请人，以及日本和美国的申请人；美国的专利来自韩国申请人的最多，其次为日本、美国、中国。日本的专利主要来自本国，以及韩国和美国。由此可以看出，韩国在 OLED 的主要国家（地区）及组织均进行了专利布局，特别是在美国的布局，超过了美国本土申请人的专利申请量。相比较而言，中国大陆申请人在全球的专利布局能力较弱，主要集中在国内，其次为美国，在韩国及其他国家（地区）布局量较少。

2.2.3　中国专利申请情况

图 2.8 显示了 OLED 领域国内申请量排名，其中，广东地区的专利申请量最多，其次为北京、江苏、上海及台湾，这主要与国内的产业分布、各地区知识产权政策与保护环境、企业研发实力等息息相关。

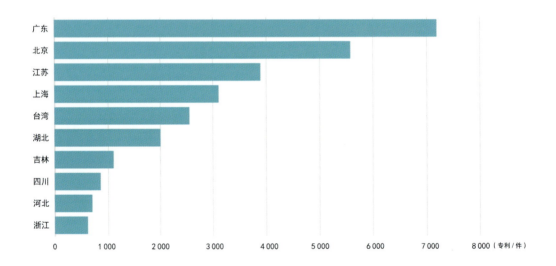

图 2.8　OLED 领域中国主要省市申请量

2.3 专利技术结构分析

2.3.1 专利技术结构

图 2.9 显示了 OLED 领域各技术分支的专利数量。其中，与材料相关的创新占比最高，为 83 818 件专利。其次为工艺方面，为 75 042 件专利。结构方面也有 55 897 件专利。驱动、设备方面的专利相对较少，数量均在 2 万件以下。

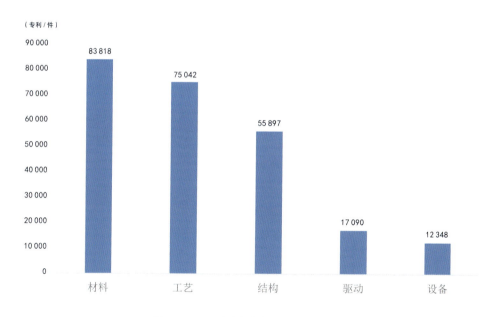

图 2.9　OLED 领域全球各技术分支专利数量

2.3.2 各技术分支专利申请趋势

图 2.10 为 OLED 领域各技术分支的专利申请趋势，材料领域首先进入快速上涨阶段，各技术分支均在 2005 年左右达到第一个研发高点。专利申请趋势呈现出类似的发展态势，尤其是工艺、结构、材料这三个领域，均在 2013 年达到第二个研发高峰。2017 年以前，材料和工艺领域的申请量最多，2013 年为工艺领域申请量的最高点。2015 年以后，结构

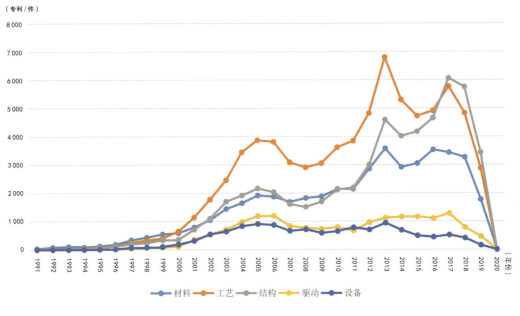

图 2.10 OLED 领域各技术分支专利申请趋势

领域的申请量逐渐接近并赶超工艺，而材料方面的申请量在 2015 年后又有小幅增长。驱动领域和设备领域的趋势较为相似，2005 年的研发高点之后申请量整体处于平稳的态势，没有明显的上下波动。

2.3.3 各技术分支全球专利布局情况

图 2.11 为 OLED 领域技术分支在全球主要区域专利布局情况，各技术分支布局情况与 OLED 整体的布局情况一致，主要公开国为中国、美国、日本和韩国。在材料领域，中国、韩国、美国和日本整体上处于同一水平线，申请量均在 9 000 件上下。在工艺领域，中国的优势较为明显，美国和韩国则处于第二、三位。在结构领域，中国专利的申请量占优，美国紧随其后。在驱动领域，中国、韩国和美国的公开数量相近。在设备领域，韩国稍占优势，中国、美国和日本专利的公开数量相近。

从如图 2.12 所示的 OLED 领域技术分支的申请人来源区域专利申请量来看，中国申请人在结构领域占据着一定的优势。韩国申请人在工艺和驱动领域占优，中国申请人在这两个领域排名第二。材料领域则是日本申请人稍占优势，韩国申请人紧随其后，中国和美国的申请人在材料领域的申请量落后较多。设备领域则是韩国和日本申请人的天下，中美两国的申请人落后较多。

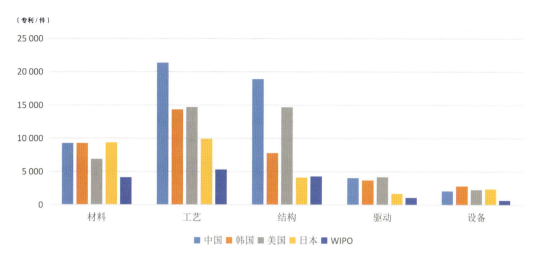

图 2.11 OLED 领域技术分支在全球主要区域专利布局情况

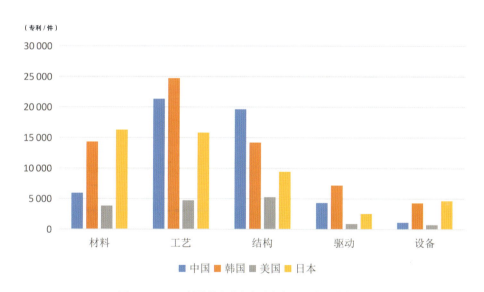

图 2.12 OLED 领域技术分支申请人来源区域专利申请量

2.3.4 各技术分支国内申请情况

图 2.13 显示了 OLED 领域各技术分支的国内申请情况，可以看到，OLED 领域的专利申请区域主要为广东、江苏、北京、湖北、上海和台湾。广东省在材料和工艺领域申请量占优，其中工艺领域的优势非常明显，材料领域江苏、北京和上海也有一定的实力。结构和驱动领域，均是北京和广东的申请人占据着明显的优势，其中北京的申请量最多，广东紧随其后。设备领域则是来自广东的申请人占优。整体来看，OLED 各领域，广东和北京的实力最为强劲。

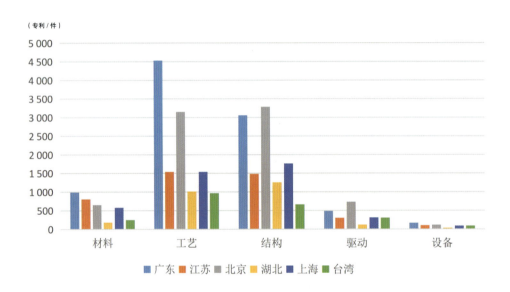

图 2.13　OLED 领域技术分支国内主要省市分布

2.3.5 各技术分支国内专利有效性

由于各技术分支在整个产业领域的研发难度以及重要性不同,其国内专利的有效性也不同,如图 2.14 所示。可以看出,驱动领域和设备领域的国内专利有效性最高,均超过了 50%,处于审中的比例仅在 20% 上下,说明近年来高质量的创新活动并不多。结构和工艺领域的有效性均接近 40%,处于审中的比例均超过 30%,说明近年来有一定的高质量创新。而在材料领域,有效专利占比刚刚突破 30%,但是其处于审中的比例最高,超过 35%,说明短期内的研发十分活跃。

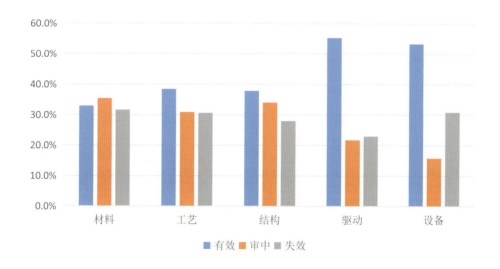

图 2.14 OLED 各技术分支国内专利有效性

2.4 专利申请人分析

2.4.1 全球专利主要申请人

图 2.15 为 OLED 领域全球专利申请人排名（申请人包括子公司和集团关联公司），可以看出，韩国的三星在领域内的地位无可撼动，以 27 639 件的申请量远远领先于其他申请人。排名第二的为韩国的 LG，18 809 件的申请量也大幅领先于除三星以外的全球其他申请人。排名第三的为中国的京东方，其申请量为 8 256 件，也有一定的实力。住友、华星光电、默克专利和出光兴产的申请量都十分接近，均在 4 700 件上下，排名四至七位。申请量超过 2 500 件的申请人还有柯尼卡、杜邦、索尼。整体来说，领域内的主要申请人来自韩国、美国、日本和中国。

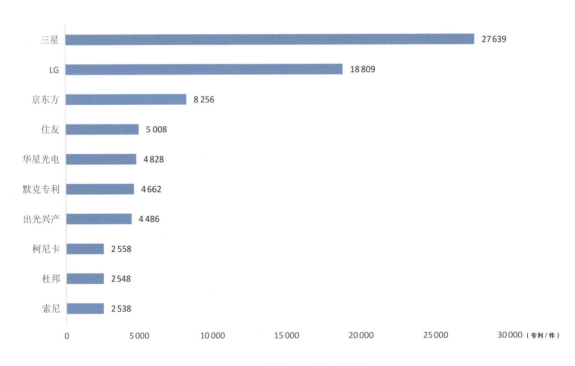

图 2.15　OLED 领域全球专利主要申请人

2.4.2 中国专利主要申请人

OLED 领域内中国专利申请人排名前十如图 2.16 所示,京东方以 4 292 件的专利申请量独占鳌头,具有相当的优势。来自韩国的申请人三星和 LG 分别以 3 447 件和 2 670 件的申请量排名二、三位。中国的华星光电与 LG 的差距不大,申请量为 2 621 件。之后为天马,申请量为 1 623 件。专利申请量排名靠前的申请人还有国显光电、友达光电、住友、和辉光电、默克专利,其中国显光电是维信诺 AMOLED 产业化项目实施的主体单位。总体来看,国内专利的主要申请人以中国申请人和韩国申请人为主。

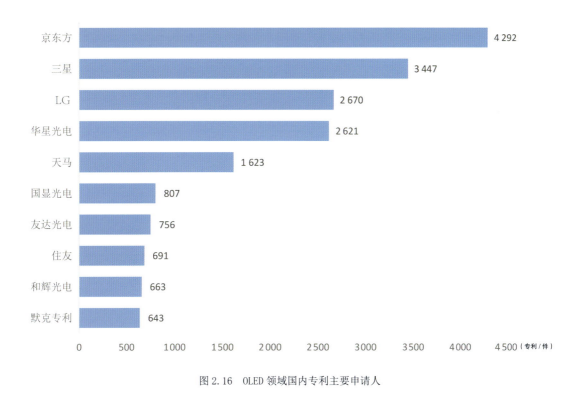

图 2.16 OLED 领域国内专利主要申请人

2.4.3 中国专利中国申请人与国外申请人宏观分析

如图 2.17 所示为中国专利中国申请人与外国申请人申请趋势。从申请趋势上看,国外申请人的专利申请数量虽然总量不多,但是起步较早,1995 年逐步开始申请,国内申请人从 2001 年才开始起步并且直到 2009 年以后才进入高速增长阶段。国外申请人从 2000 年开始就进入快速增长阶段,并于 2005 年左右达到第一个研发高峰,经过短时间的调整后,2013 年达到第二个高峰。国内申请人的第一个高峰出现在 2013 年,第二个研发高峰则出现在 2018 年。

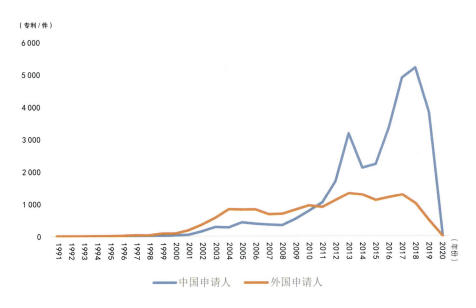

图 2.17　中国专利中国申请人与外国申请人申请趋势

如图 2.18 所示为中国专利国内外申请人法律状态，对比中国专利申请的国内外申请人的法律状态可以发现，国内申请人在有效性方面不如国外申请人，差距在 10 个百分点左右，处于审中状态的则是国内申请人的占比较多，说明近年来国内申请人的创新程度要高于国外申请人。

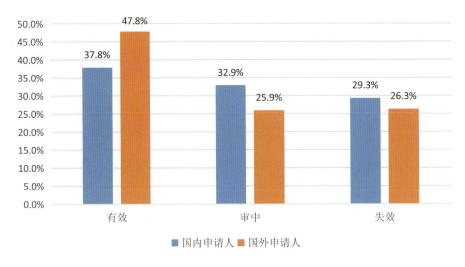

图 2.18　中国专利国内外申请人法律状态对比

2.4.4 各技术分支全球主要申请人

2.4.4.1 OLED 材料全球主要申请人

如图 2.19 所示，在 OLED 材料领域，韩国的三星和 LG 占据着明显的优势，其申请量排名全球前两位，均超过了 3 500 件。来自德国的默克专利排名第三，其申请量与 LG 相差无几。来自日本的住友和出光兴产分别排名第四和第五。美国的通用显示和杜邦也有一定的申请量。可以发现，在 OLED 材料领域，国内申请人无一入围，说明国内申请人与国外申请人的研发实力仍然有着一定的差距。

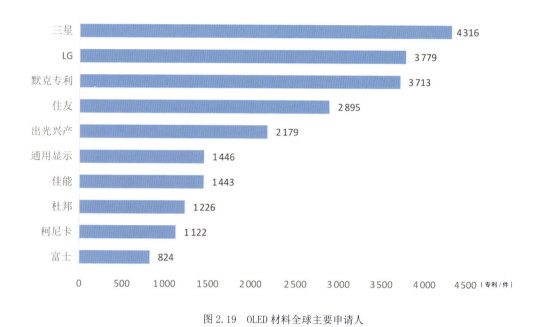

图 2.19 OLED 材料全球主要申请人

如图 2.20 所示，就 OLED 材料领域中国申请来说，国内申请人处于有效状态的专利百分比远远不如国外申请人，国内申请人有效状态占比为 26.6%，国外申请人的有效状态占比为 41%。处于审中状态的国内专利比国外专利高出约 3 个百分点。总体来说，从专利质量的角度看，国外申请人优于国内申请人。

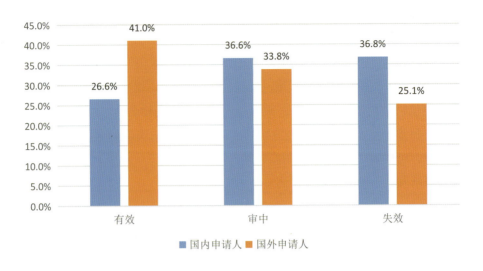

图 2.20　OLED 材料中国专利国内外申请人法律状态对比

2.4.4.2　OLED 工艺全球主要申请人

如图 2.21 所示，在 OLED 工艺领域，来自韩国的三星和 LG 排名靠前，其中三星的申请量远远领先于其余主要申请人，LG 的申请量约为三星的 2/3。中国的京东方以 5 858 件的申请量排名第三。申请量超过 2 000 件的还有华星光电和海洋王照明，二者分列第四、五位。领域内排名六至十位的申请人均为国外申请人。总体来说，全球主要申请人来自中国、韩国和日本。

如图 2.22 所示，在 OLED 工艺领域的中国专利中，国内申请人的有效状态的专利占比远远落后于国外申请人，但是从处于审中状态的占比来看，国内申请人则远远领先于国外申请人，失效的占比则是国内申请人高出国外申请人约 3 个百分点。由此说明，国外申请人在 OLED 工艺领域的专利申请质量较高，但近年来的新申请不多，而国内申请人近年来的创新则不断加强。

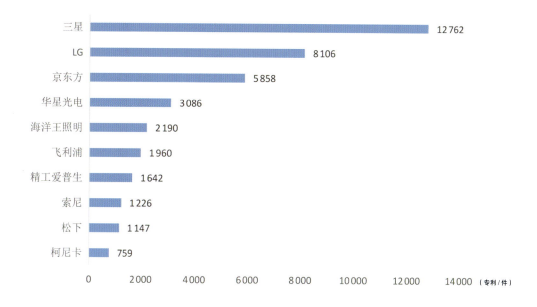

图 2.21　OLED 工艺全球主要申请人

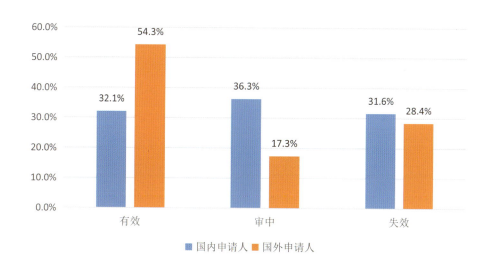

图 2.22　OLED 工艺中国专利国内外申请人法律状态对比

2.4.4.3　OLED 结构全球主要申请人

如图 2.23 所示，在 OLED 结构领域，京东方以微弱的优势领先于三星占据着榜首位置，两者的申请量仅仅相差 57 件。韩国的 LG 以 4 144 件的申请量排名第三。中国的华星光电以 2 821 件的申请量排名第四。申请量超过 1 000 件的主要申请人还有默克专利、海洋王照明、天马、通用显示和飞利浦。整体来说，领域内中国和韩国的申请人表现突出。

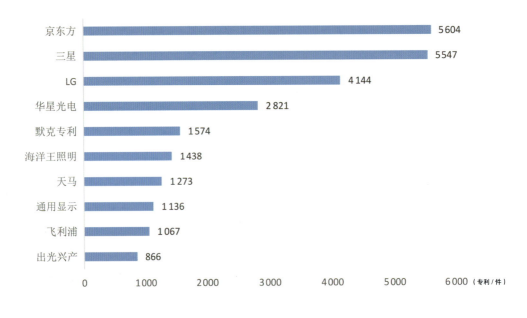

图 2.23　OLED 结构全球主要申请人

如图 2.24 所示，在 OLED 结构领域的中国专利中，国内申请人的有效专利占比远远落后于国外申请人，但是从处于审中状态的占比来看，国内申请人则远远领先于国外申请人，失效的占比则是国内申请人低于国外申请人 0.5 个百分点。由此说明，国外申请人在 OLED 结构领域的专利申请质量较高，但近年来的新申请不多，而国内申请人近年来的创新则不断加强，且失效比例控制得较好，处于较低的水平线。

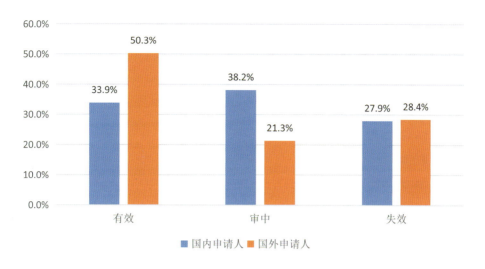

图 2.24 OLED 结构中国专利国内外申请人法律状态对比

2.4.4.4　OLED 驱动全球主要申请人

如图 2.25 所示，在 OLED 驱动领域，来自韩国的三星和 LG 占据着绝对的优势，三星的申请量达到了 4 056 件，LG 也有 2 500 件的申请量。中国的京东方和华星光电分别以 1 660 件和 816 件的申请量排名第三、四位。申请量超过 500 件的申请人还有荷兰的飞利浦。整体来说，领域内的主要申请人来自中、日、韩三国。

如图 2.26 所示，在 OLED 驱动领域的中国专利中，国内申请人的有效专利占比落后于国外申请人约 7 个百分点，但是从处于审中状态的占比来看，国内申请人则远远领先于国外申请人，失效的占比则是国内申请人低于国外申请人 6 个百分点。由此说明，国外申请人在 OLED 驱动领域的专利申请质量较高，但近年来的新申请不多，而国内申请人近年来的创新则不断加强，且失效比例控制得较好，处于较低的水平线。

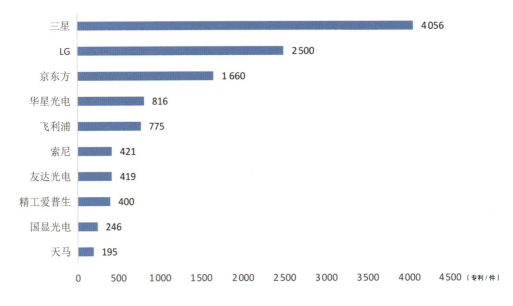

图 2.25 OLED 驱动全球主要申请人

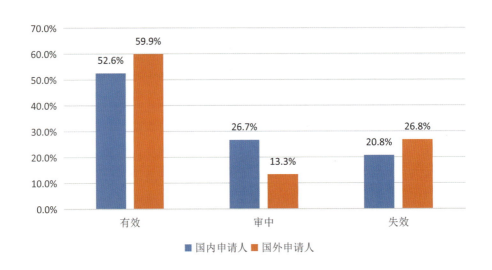

图 2.26 OLED 驱动中国专利国内外申请人法律状态对比

2.4.4.5 OLED 设备全球主要申请人

如图 2.27 所示,在 OLED 设备领域,来自韩国的 LG 以 1 735 件的申请量排名第一,同样来自韩国的三星以不到 200 件之差排名第二。精工爱普生排名第三,飞利浦排名第四。领域内仅有京东方一家国内申请人入围,其余申请人主要来自日本。

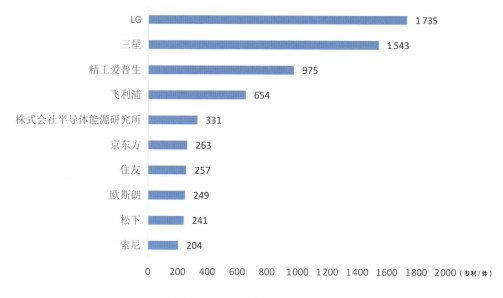

图 2.27 OLED 设备全球主要申请人

如图 2.28 所示,在 OLED 设备领域的中国专利中,国内申请人的有效专利占比落后于国外申请人约 20 个百分点,但是从处于审中状态的占比来看,国内申请人则远远领先于国外申请人,失效的占比则是国内申请人高于国外申请人约 3 个百分点。由此说明,国外申请人在 OLED 设备领域的专利申请质量较高,但近年来的新申请很少,而国内申请人近年来的创新则不断加强。

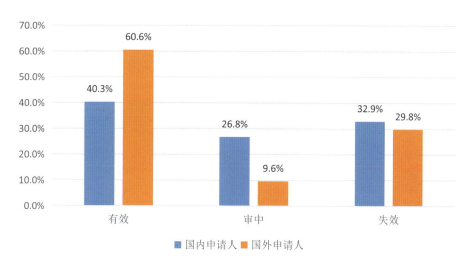

图 2.28 OLED 设备中国专利国内外申请人法律状态对比

2.5　世界知识产权组织 PCT 申请情况

2.5.1　世界知识产权组织 PCT 总体申请趋势

如图 2.29 所示，OLED 领域内的世界知识产权组织 PCT 申请共计 16 053 件，领域内的世界知识产权组织 PCT 申请始于 1995 年左右，1999 年以前申请量增长缓慢。2000 年至 2005 年，领域内的世界知识产权组织 PCT 申请量快速上升，并于 2005 年达到第一个申请高峰。2006 年至 2008 年则属于平台期，申请量较为稳定。2009 年开始，领域内的世界知识产权组织 PCT 申请重新步入快车道，申请量增长的趋势一路保持至 2018 年。

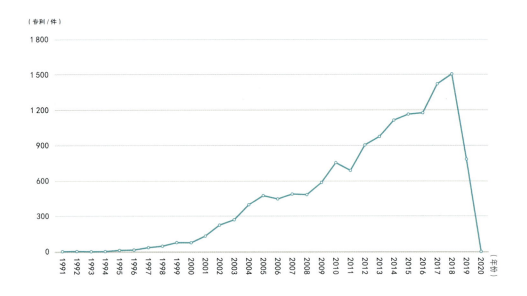

图 2.29　OLED 领域世界知识产权组织 PCT 申请趋势

如图 2.30 所示，OLED 领域内的世界知识产权组织 PCT 申请在 2005 年之前，一直由来自美国和日本的申请人占据着主导地位，二者申请量最多。2005 年至 2012 年，日本申请人的世界知识产权组织 PCT 申请维持了较快的增长势头，来自美国的申请与此同时步入下降趋势。2013 年以后，来自中国的申请量超越了日本，此后与其他国家的领先优势不断扩大。

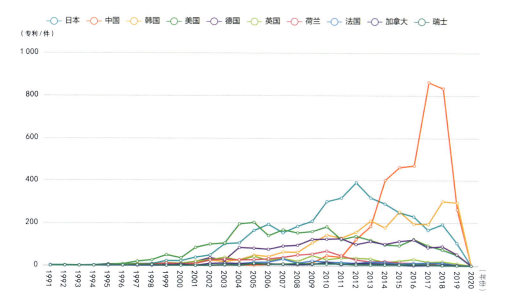

图 2.30 OLED 领域根据申请人国别划分的世界知识产权组织 PCT 申请趋势

如图 2.31 所示，在 OLED 领域的世界知识产权组织 PCT 申请中，来自日本和中国的申请量相当，二者所占的比例均超过了 25%，日本的申请量稍多。韩国和美国以接近 15% 的比例分列第三、四位。占比超过 1% 的还有德国、英国、荷兰和法国。

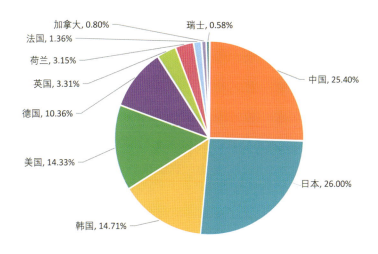

图 2.31 OLED 领域世界知识产权组织 PCT 申请来源国分布图

2.5.2 各技术分支世界知识产权组织 PCT 申请情况

如图 2.32 所示，OLED 领域内世界知识产权组织 PCT 申请数量最多的技术分支为材料领域，共计 6 732 件专利。其次为工艺领域，共计 5 310 件。排名第三的为结构领域，共计 4 298 件世界知识产权组织 PCT 申请。驱动领域和设备领域的世界知识产权组织 PCT 申请量相对较少，分别为 1 079 件和 686 件。

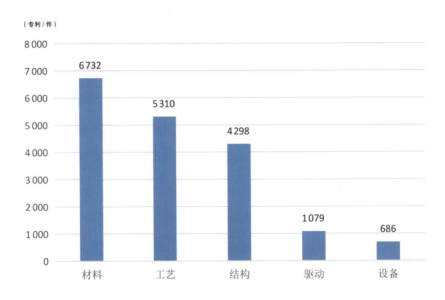

图 2.32 OLED 领域世界知识产权组织 PCT 各技术分支数量

如图 2.33 所示，材料领域的专利申请量先进入上涨的趋势，2013 年前其年申请量一直居首，2014 年以后则逐渐被工艺和结构领域超越。工艺领域和结构领域的世界知识产权组织 PCT 申请趋势较为类似，二者均于 2008 年进入快速上涨的阶段，并分别于 2017 年和 2018 年创出历史新高。驱动领域的世界知识产权组织 PCT 申请则从 2011 年进入上涨趋势，并于 2017 年达到高点。设备领域的年申请量一直较为平稳，波动幅度较小。

如图 2.34 所示，在各技术分支的世界知识产权组织 PCT 申请来源国中，中国申请人在工艺、结构和驱动领域占据着非常明显的优势。日本申请人则在材料和设备领域大幅领先。韩国申请人在材料领域也有较多的世界知识产权组织 PCT 申请量。美国申请人没有较为突出的技术领域。

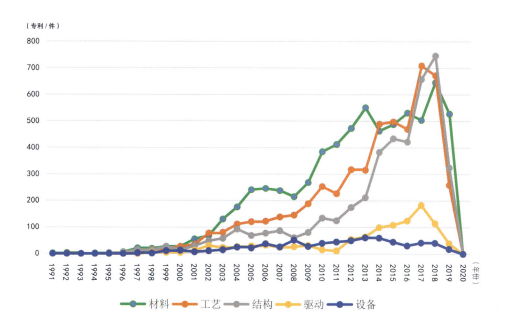

图 2.33　OLED 领域世界知识产权组织 PCT 各技术分支申请趋势

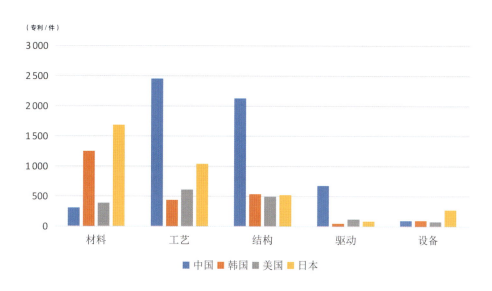

图 2.34　OLED 领域世界知识产权组织 PCT 各技术分支申请来源国

如图2.35所示，目前来看，中国申请人在世界知识产权组织PCT申请方面占据着一定的优势，来自中国的京东方和华星光电的世界知识产权组织PCT申请量排名前两位，并且京东方的申请量为排名第三LG的两倍之多。申请量在400件以上的申请人还有出光兴产、默克专利、柯尼卡。总体来说，OLED领域内的世界知识产权组织PCT主要申请人来自中国、日本、欧洲以及韩国。

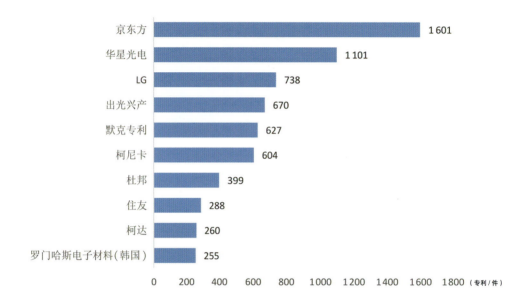

图2.35　OLED领域世界知识产权组织PCT主要申请人

2.6 核心专利申请情况

2.6.1 核心专利公开国（地区）及组织情况

截至 2020 年 4 月 20 日，全球在 OLED 领域的核心专利有 10 736 件。具体分布情况如图 2.36 所示，其中中国专利约占 51%，排名第一；其次为美国专利，占比约 32%；在日本和韩国布局的核心专利较少，分别约为 7% 和 5%。总体来看，领域内的核心专利的申请人都十分注重在中国和美国的专利布局，这也从侧面说明中国和美国的 OLED 市场规模较大。

在核心专利的评价当中，市场因素也是重要的考量维度之一，由于中国和美国市场体量以及规模明显在日本和韩国之上，因此若出现同一申请人在多国区域布局的同族专利，系统将把相应的中国专利和美国专利排在靠前的位置。

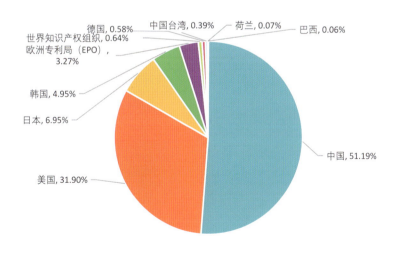

图 2.36　OLED 领域核心专利全球公开国别（地区）及组织分布

2.6.2 核心专利申请国（地区）及组织情况

如图 2.37 所示，从 OLED 领域核心专利的申请人国别（地区）来看，韩国申请人的核心专利数量最多，占比达到了 35.16%。日本申请人则紧随其后，与韩国申请人的差距很小，占比也有 33.25%。排名第三、四位的分别是美国申请人和德国申请人，申请量占比分别为 12.49% 和 9.40%。中国申请人的核心专利数量很少，以占比接近 3% 的比例排名第五。由此可以看出，领域内韩国申请人和日本申请人的专利质量最高，中国申请人在 OLED 领域内的专利质量方面还有待大幅提高。

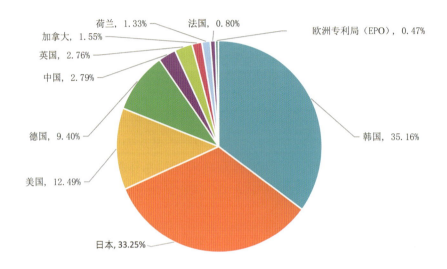

图 2.37　OLED 领域核心专利全球申请人国别（地区）及组织分布

2.6.3　核心专利技术分布情况

如图 2.38 所示，在 OLED 核心专利的各项技术分支上，中国公开的核心专利数量在材料、工艺、结构、驱动和设备各领域均占有优势，其中工艺领域优势较大。美国专利在各领域的公开数量均排名第二。日韩专利的数量均较少。

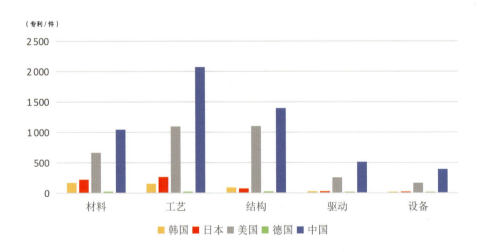

图 2.38　OLED 核心专利各技术分支全球专利公开国国别分布

如图 2.39 所示，从申请人国别分布上来说，日本申请人在材料领域占据着明显的优势，核心专利的申请量大幅领先于其他国家的申请人。而在工艺领域，则是韩国申请人遥遥领先，日本申请人的申请量也有一定的数量。在结构领域，韩国和日本申请人的数量十分接近且大幅领先于其他申请人。在驱动领域则是韩国申请人占优，日本申请人其次。在设备领域则是日本申请人领先，韩国申请人紧随其后。整体来看，各领域内韩国申请人和日本申请人占据着明显的优势，中国申请人与日韩申请人还存在着全方位的差距。

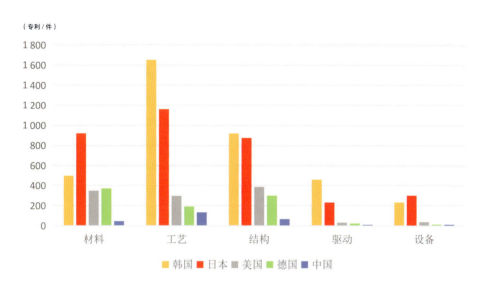

图 2.39 OLED 核心专利各技术分支全球专利申请人国别分布

2.6.4 核心专利主要申请人分布情况

2.6.4.1 OLED 整体核心专利主要申请人排名

如图 2.40 所示，按照核心专利申请量排名，三星以 1 213 件的申请量排名第一，从数量上看占据着绝对的优势。LG 排名第二，申请量也有 720 件。德国的默克专利以 509 件的申请量排名第三。日本的株式会社半导体能源研究所以 392 件的申请量排名第四。排名五至十位的申请人分别是出光兴产、精工爱普生、索尼、通用显示、住友和松下。整体来看，领域内韩国和日本的申请人占据着非常明显的优势。

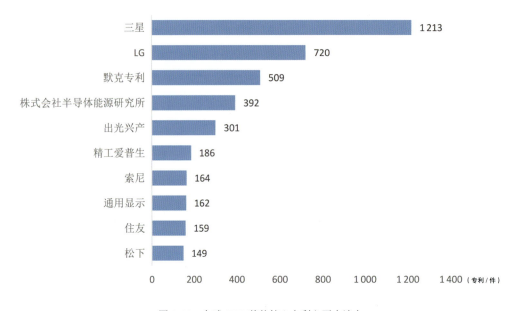

图 2.40　全球 OLED 整体核心专利主要申请人

如图 2.41 所示,通过对比 OLED 领域核心专利主要申请人的核心专利平均被引证次数和平均同族数量,可以发现,日本申请人出光兴产的核心专利平均被引证次数最多,高达 29 次,其次为精工爱普生,平均被引证次数也有 24 次。平均同族数量方面,株式会社半导体能源研究所的平均同族数量最多,高达 28 次,其次为出光兴产,平均同族数量为 24。整体来看,日本申请人在核心专利被引证次数和平均同族数量方面占有一定的优势。

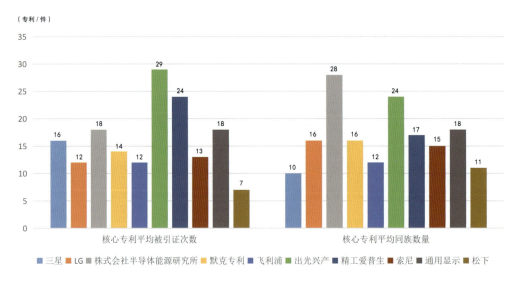

图 2.41　OLED 核心专利主要申请人被引证和同族专利数量对比

2.6.4.2 OLED材料核心专利主要申请人排名

如图2.42所示，在OLED材料领域，默克专利的核心专利数量排名第一，申请量达到了444件。LG以193件的申请量排名第二。排名第三的为出光兴产，申请量166件。三星、通用显示分列第四至五位。

如图2.43所示，在OLED材料领域，在中国布局的核心专利中，默克专利排名第一，申请量达到了192件。韩国的三星和LG分列第二和第三，申请量分别为119件和112件。通用显示和住友的申请量均为61件。

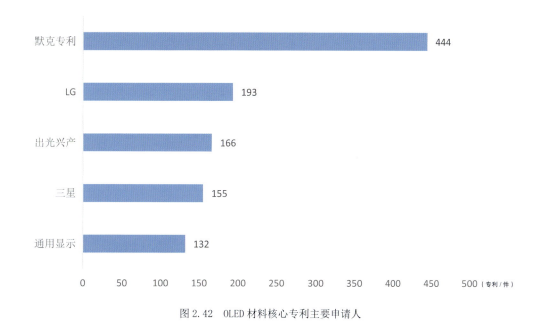

图2.42　OLED材料核心专利主要申请人

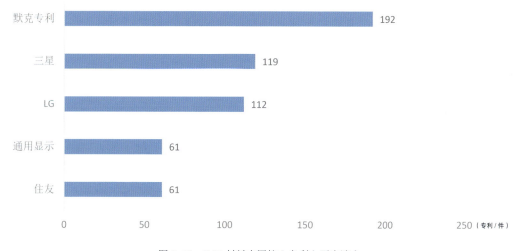

图2.43　OLED材料中国核心专利主要申请人

2.6.4.3　OLED 工艺核心专利主要申请人排名

如图 2.44 所示，在 OLED 工艺领域，三星占据着绝对的优势，其申请量高达 930 件，接近排名第二的 LG 的两倍，LG 的申请量为 497 件。排名第三的为株式会社半导体能源研究所，申请量为 269 件。排名第四、五位的分别是飞利浦、精工爱普生。可以发现，OLED 工艺领域内的核心专利申请人主要被韩国和日本两国包揽。

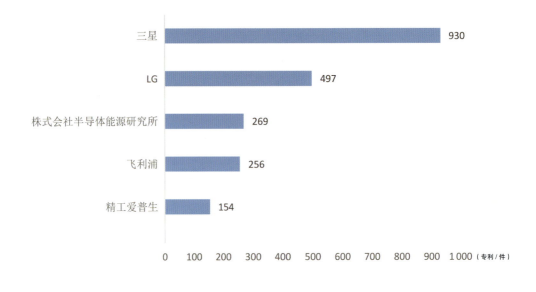

图 2.44　OLED 工艺核心专利主要申请人

2.6.4.4　OLED 结构核心专利主要申请人排名

如图 2.45 所示，在 OLED 结构领域，核心专利申请数量最多的依然是韩国的三星和 LG，申请量分别为 403 件和 358 件。默克专利以 219 件的申请量排名第三。排名第四、五位的分别为株式会社半导体能源研究所和飞利浦。

2.6.4.5　OLED 驱动核心专利主要申请人排名

如图 2.46 所示，在 OLED 驱动领域，来自韩国的三星和 LG 处于领先地位，三星的申请量为 313 件，大幅领先于其他申请人，LG 的申请量为 81 件。飞利浦以 58 件的申请量排名第三，精工爱普生以 55 件的申请量紧随其后。排名第五的为索尼。

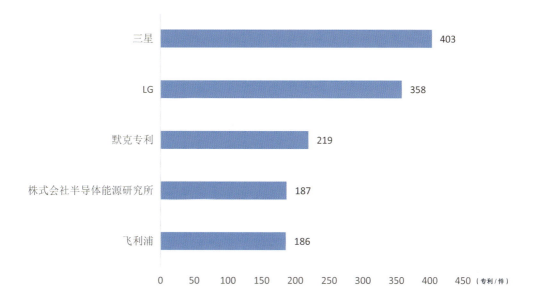

图 2.45　OLED 结构核心专利主要申请人

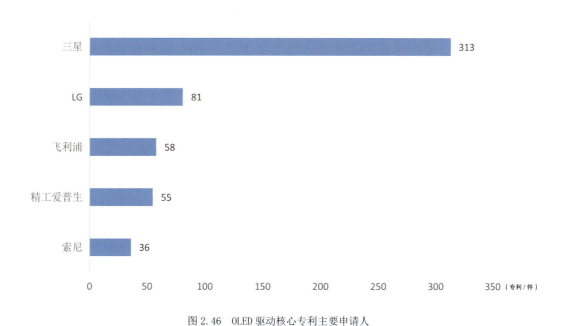

图 2.46　OLED 驱动核心专利主要申请人

2.6.4.6　OLED 设备核心专利主要申请人排名

如图 2.47 所示，在 OLED 设备领域，核心专利申请量最多的为株式会社半导体能源研究所，其申请量为 149 件。三星和 LG 分别以 115 件和 104 件的申请量排名第二至三位。精工爱普生和剑桥显示排名第四、五位。

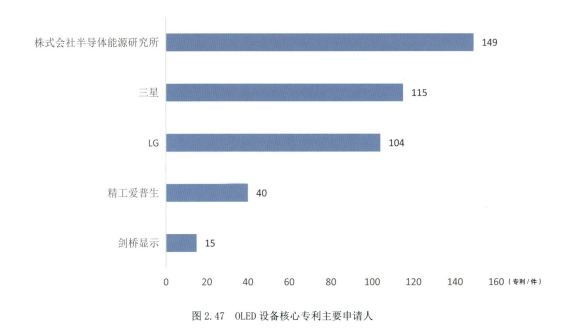

图 2.47　OLED 设备核心专利主要申请人

2.7 总结

1. OLED 技术领域的研究始于 20 世纪 90 年代，目前处于技术发展期

OLED 技术领域的研究始于 20 世纪 90 年代，进入 2000 年以后，年申请量开始加速上扬，随后有小幅调整，2007 年开始，领域内的专利申请量重回上涨通道，并于 2013 年和 2017 年分别达到第二次、第三次研发高峰。

2. OLED 领域的专利主要布局区域为中国、美国、日本和韩国，目前在中国申请公开的专利量居全球榜首

在 2010 年以前，领域内日本公开的专利数量一直处于领先地位，韩国和美国则紧随其后。2010 年以后，韩国专利与美国专利的数量先后大幅上升，韩国专利在 2011 年之后呈现出一波加速上涨的趋势，2013 年以后则逐渐回落，美国专利则在 2013 年开始进入强势期并维持至 2017 年以后才出现较为明显的下降趋势。2013 年以后，中国专利的数量跃居第一，整体上则呈现出上涨的趋势。

3. 领域内专利主要来源于韩国、日本和中国，国内专利主要来源于广东、北京及江苏

日本申请人在 2005 年以前占据优势，韩国申请人自 2005 年超越日本以后，在接下来的 12 年间申请量几乎一直维持着世界第一，到 2017 年，中国的申请人在全球的年专利申请量已超越韩国，成为世界第一。国内专利主要来自广东、北京、江苏等省市。

4. 领域内韩国和日本申请人在海外布局专利的意识均较强

中国专利除了主要来自国内申请人外，尚有很大一部分来自韩国、日本、美国申请人。韩国申请人在 OLED 的主要国家均进行了专利布局，特别是在美国的布局，超过了美国本土申请人的专利申请量。相比较而言，中国大陆申请人在全球的专利布局能力较弱，主要集中在国内，其次为美国，在韩国及其他国家专利布局量较少。

5. OLED 领域，与材料相关的专利申请量最多，驱动及设备方面的专利较少

OLED 领域各技术分支均在 2005 年左右达到第一个研发高点，专利申请趋势呈现出类似的发展态势，尤其是工艺、结构、材料这三个领域，均在 2013 年到达第二个研发高峰，2017 年以前，材料和工艺领域的申请量最多，2013 年为工艺领域申请量的最高点。2015 年以后，结构领域的申请量逐渐接近并赶超工艺，而材料方面的申请量在 2015 年后又有小幅增长。驱动领域和设备领域的趋势较为相似，2005 年的研发高点之后申请量整体处于平稳的态势，没有明显的上下波动。

6. 除设备领域外，中国在其他技术分支均为首选的专利布局国

在 OLED 材料领域，中国、美国、韩国和日本整体上处于同一水平线。工艺领域，中国专利的数量大幅领先，美国和韩国则处于第二、三位。结构领域，中国专利的申请量占优，美国紧随其后。驱动方面，中国、韩国和美国的公开数量相近。OLED 设备领域，韩国稍占优势，中国、美国和日本专利的公开数量相近。

7. 中国申请人在结构领域占优，日韩申请人在其他领域占优

中国申请人在 OLED 结构领域占据着一定的优势。韩国申请人在工艺和驱动领域占优。材料领域则是日本申请人稍占优势，韩国申请人紧随其后。OLED 设备领域则是韩国和日本申请人占据明显优势。

8. OLED 领域，三星的专利申请量全球最多，京东方国内排名第一

韩国的三星在领域内的地位无可撼动，申请量远远领先于其他申请人。排名第二为韩国的 LG。我国的京东方和华星光电分列第三、五位。整体来说，领域内的主要申请人来自韩国、中国、日本和美国。

9. 领域内 PCT 专利主要集中在材料、工艺和结构方面，来自日本和中国的申请量最高

在 OLED 领域的 PCT 申请中，来自日本和中国的申请量相当，韩国和美国分列第三、四位。领域内 PCT 申请数量最多的技术分支为材料领域，工艺和结构紧随其后。中国在工艺、结构和驱动领域占据着非常明显的优势。日本申请人则在材料和设备领域大幅领先。韩国申请人在材料领域也有较多的 PCT 申请量。我国的京东方和华星光电的 PCT 申请量排名前两位。

10. 中国公开的核心专利数量最多，核心专利数量最多的申请人为韩国的三星

领域内在中国公开的核心专利数量最多，其次为美国。核心专利申请来源国方面，韩国和日本占据着明显的优势，各占据超过 30% 的申请量。中国申请人的核心专利数量很少，所占比例仅接近 3%。

在 OLED 核心专利的各项技术分支上，中国公开的核心专利数量在材料、工艺、结构、驱动和设备各领域均占有优势。美国专利在各领域的公开数量均排名第二。日韩专利的数量均较少。

从申请人国别分布上来说，日本申请人在材料领域占据着明显的优势。工艺领域，则是韩国申请人遥遥领先。结构领域，韩国和日本申请人的数量十分接近且大幅领先于其他申请人。驱动领域则是韩国申请人占优，其次是日本申请人。设备领域则是日本申请人领先，韩国申请人紧随其后。整体来看，各领域内韩国申请人和日本申请人占据着明显的优势，中国申请人与日韩申请人还存在着全方位的差距。

就核心专利的总体数量来说，三星排名居首，LG 居次席。整体来看，领域内韩国和日本的申请人占据着非常明显的优势。我国申请人无一入围前十。日本申请人在核心专利被引证次数和平均同族数量方面占有一定的优势。

在 OLED 材料领域，默克专利的核心专利数量排名第一，LG 排名第二。工艺和驱动领域，三星占据着绝对的优势，LG 位居次席。结构领域，核心专利申请数量最多的依然是韩国的三星和 LG。设备领域，核心专利申请量最多的为株式会社半导体能源研究所，三星和 LG 紧随其后。

第三章　QLED 显示技术知识产权研究分析

3.1　发展趋势

3.1.1　全球专利总体申请趋势

截至 2020 年 12 月 30 日，全球在 QLED 领域的专利量为 47 014 件，图 3.1 为 QLED 领域全球专利申请趋势图，可以看出，QLED 领域的研究始于 20 世纪 90 年代，发展于 21 世纪前十年，在此期间专利申请量逐步上扬，在 2011 年前后进入技术爆发期，申请量逐年快速攀升，2015 年以后增长力度依然十分明显。整体上看，专利申请量为一个快速增长的态势，目前整个领域处于技术爆发期。

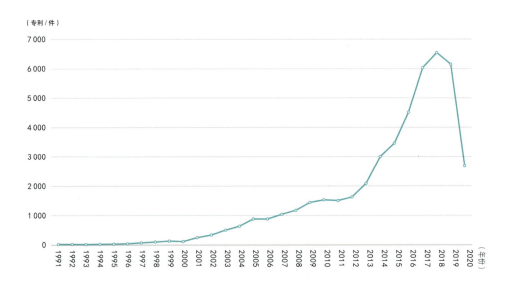

图 3.1　QLED 领域专利全球申请趋势图

数据检索截止时间 2020 年 12 月 30 日为专利公开（公告）日，由于 2017 年之后的专利申请数据尚未完全公开，因此，之后的专利申请数据不作为参考。

3.1.2 主要国家（地区）及组织专利申请趋势

如图3.2所示，从QLED领域主要国家（地区）及组织专利申请趋势来看，2018年开始，在中国申请公开的专利量已居全球榜首，但与美国专利的数量还未拉开差距。而在2018年以前，QLED领域的专利申请主要集中在美国，美国专利的申请量从2000年开始进入较快的上涨阶段并奠定了全球领先的基础，2012年以后更是呈现出加速上涨的趋势。中国专利的数量于2014年开始发力逐渐缩小与美国的距离并在2018年一举超越。韩国专利的申请量自2014年以后便进入平台期，年申请量不再有明显的增长。日本专利的申请量则在2013年以后出现一定的上涨趋势。目前全球QLED专利的主要布局区域为中国、美国、韩国和日本。另外值得注意的是，自2014年以后，通过世界知识产权组织PCT递交的国际申请有着明显的增长趋势，说明领域内的申请人逐渐意识到了全球专利布局的重要性。

造成国内专利申请大幅上升的原因主要有：①QLED全球主要市场由美国和韩国逐步向中国转移，引导各研发主体在中国布局专利；②中国专利保护制度的不断完善促使国内申请人在近几年加大专利申请力度。

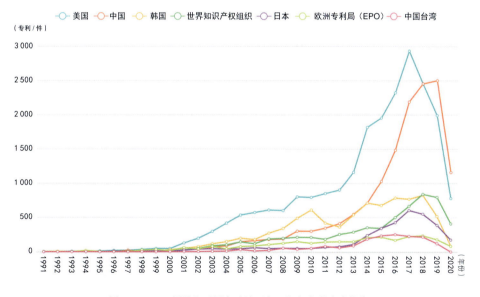

图 3.2　QLED领域主要国家（地区）及组织专利申请趋势

3.1.3 主要国家及地区申请人专利申请趋势

图 3.3 显示了 QLED 领域主要国家及地区申请人专利申请趋势，可以看出，目前中国在 QLED 领域的研发实力在全球已经名列前茅，2017 年中国的申请人在全球带来的年专利申请量已超越美国和日本，成为世界第一。而在此之前，美国申请人的专利申请量长期以来在 QLED 领域处于前列，实力不可小觑。日本申请人在 2012 年以后也加大了在 QLED 领域的专利申请力度。除此之外，近 10 年来，韩国申请人也逐步开始在该领域内加大研发投入，其年专利申请量于 2017 年追上了美国和日本。

图 3.3　QLED 领域主要国家及地区申请人专利申请趋势

3.1.4 国内专利申请趋势

从QLED领域国内专利申请趋势来看（如图3.4所示），2014年以前，北京、广东、江苏、台湾、浙江和上海等地的申请量都相差不大，从2014年开始至2017年，广东的申请量有了爆发式的增长，远远领先于其他省市。2016年以来，北京的申请量一直处于第二梯队，申请量处于稳步增长的态势。江苏、台湾、浙江和上海的专利申请量处于同一水平线。

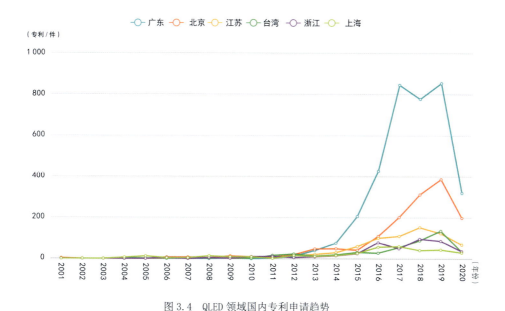

图3.4　QLED领域国内专利申请趋势

3.2 专利区域分布

3.2.1 主要国家（地区）及组织专利申请量、专利来源国（地区）排名

图3.5显示的为QLED领域主要国家（地区）及组织专利申请量排名，与图3.2相呼应。从专利公开总量来看，美国仍然为QLED领域排名第一的专利申请国家，数量上接近1.5万件。中国以接近1.2万件的申请量排名第二。韩国则排名第三。世界知识产权组织的专利公开量排名第四。

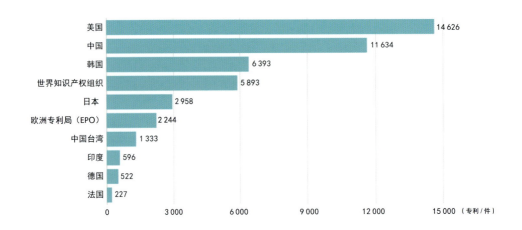

图3.5 QLED领域主要国家（地区）及组织专利申请量

如图3.6所示，从申请人国别（地区）排名来看，美国依然排名第一，来自美国申请人的专利申请数量为13 759件。排名第二的为中国申请人，数量接近1万件。排名第三的为日本申请人，申请数量也有近9 000件。韩国申请人排名第四，申请量超过了7 000件。

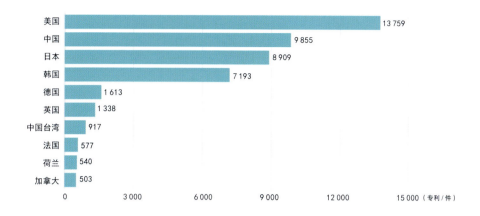

图 3.6 QLED 领域全球主要申请人国别（地区）

3.2.2 全球专利布局情况

图 3.7 反映了 QLED 领域主要国家（地区）及组织的专利布局策略，其中横轴为专利申请人国别，纵轴为专利公开国国别（地区）及组织。可以看出，各国申请人均有一定数量的海外布局。美国申请人有较大比例的专利通过世界知识产权组织流向不同区域。日本申请人的绝大多数专利均布局在海外，美国为日本申请人首选的海外布局国家，其次为韩国和中国，其在美国的专利申请量甚至多于日本本土的数量。中国申请人以本土布局为主。韩国申请人也较为重视本土专利布局，美国为其主要的海外布局目标国。

3.2.3 中国专利申请情况

图 3.8 显示了 QLED 领域国内申请量排名，其中，广东地区的专利申请量最多，且大幅度领先于其他省市，其次为北京、江苏、台湾、浙江和上海，这主要与国内的产业分布、各地区知识产权政策与保护环境、企业研发实力等息息相关。

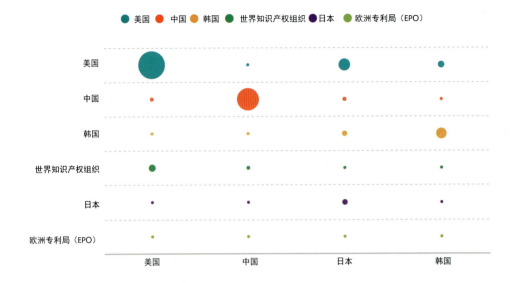

图 3.7　QLED 领域主要国家（地区）及组织申请人全球专利布局情况

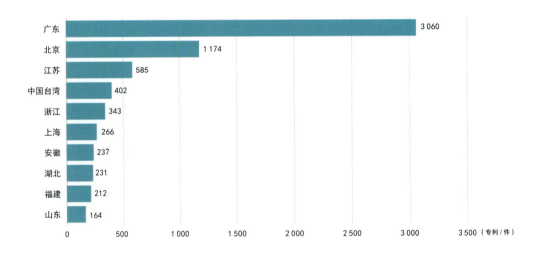

图 3.8　QLED 领域中国主要省市申请量

3.3 专利技术结构分析

3.3.1 专利技术结构

图 3.9 显示了 QLED 领域各技术分支的专利数量。其中,与量子点材料相关的创新成果最多,为 17 849 件专利。其次为与器件结构有关的专利申请,数量为 14 674 件。与背光应用相关的为 5 283 件专利,排名第三。显示模式领域的专利申请量为 4 074 件。驱动控制、制造设备技术方面的专利相对较少,数量均在 2 000 件以下。

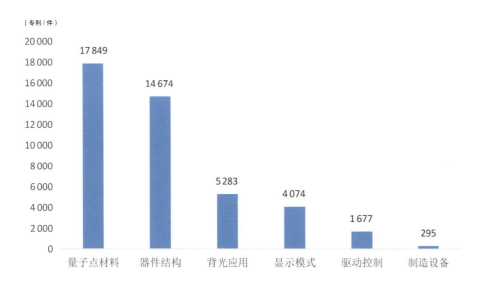

图 3.9 QLED 领域全球各技术分支专利数量

3.3.2 各技术分支专利申请趋势

图 3.10 为 QLED 领域各技术分支的专利申请趋势。可以看出,量子点材料和器件结构领域的专利申请趋势十分相似,量子点材料领域的申请量稍多,两者均从 2001 年开始进入了发展阶段,并于 2013 年开始进入加速发展的阶段。背光应用领域的专利申请量从 2013 年开始进入快速上涨阶段,至 2017 年达到阶段性顶峰。显示模式领域的专利申请量则是从 2015 年开始有着较为明显的增长。驱动控制领域则是从 2017 年开始有所增长。制造设备领域由于申请量过少而难以体现出明显的趋势。

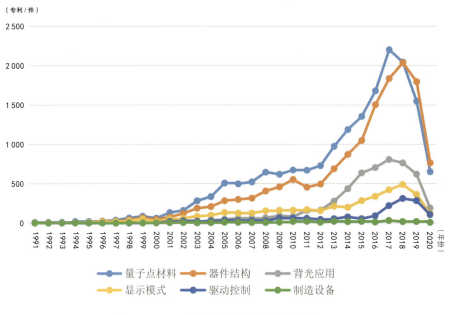

图 3.10　QLED 领域各技术分支专利申请趋势

3.3.3　各技术分支全球专利布局情况

图 3.11 为 QLED 领域技术分支在全球主要区域专利布局情况，各技术分支布局情况与 QLED 整体的布局情况基本一致，主要公开国为美国、中国、韩国和日本。美国专利数量除了在背光应用和制造设备领域之外，在量子点材料、器件结构、显示模式、驱动控制领域均排名全球第一。

中国专利的数量在背光应用领域和制造设备领域排名第一，在量子点材料、器件结构、显示模式和驱动控制领域均排名第二，专利数量与美国的差距并不大。

韩国专利在器件结构、显示模式、背光应用、驱动控制、制造设备领域均排名第三。

日本专利在各领域的申请量均排名末位，主要是由于日本申请人更加倾向于在海外申请专利。

WIPO 的申请主要集中于量子点材料和器件结构领域，且在量子点材料领域的专利数量高于韩国，其余领域的申请量也大多高于日本。

从如图 3.12 所示的 QLED 领域技术分支的申请人来源区域专利申请量来看，美国申请人在量子点材料领域具有优势，领先第二名中国的优势较大，其在显示模式和制造设备领域也排名全球第一。美国申请人在器件结构、背光应用和驱动控制领域的申请量不占优势。

中国申请人在背光应用和驱动控制领域的申请量排名第一，其中背光应用的领先优势较大，在器件结构、显示模式、量子点材料和制造设备领域的申请量则排名第二。

日本申请人在器件结构领域的申请量排名第一，在驱动控制领域的申请量排名第二，在背光应用和量子点材料领域申请量仅排名第三。

韩国申请人在背光应用领域的申请量排名第二，在显示模式、制造设备和驱动控制领域的申请量排名第三，在量子点材料和器件结构领域的申请量排名靠后。

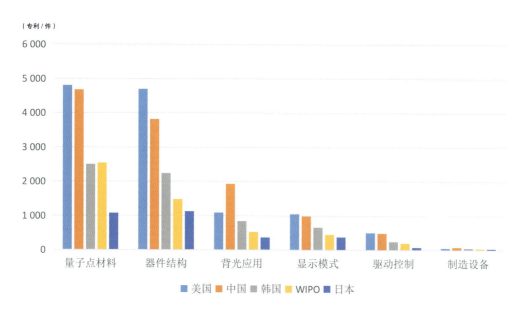

图 3.11　QLED 领域技术分支在全球主要区域专利布局情况

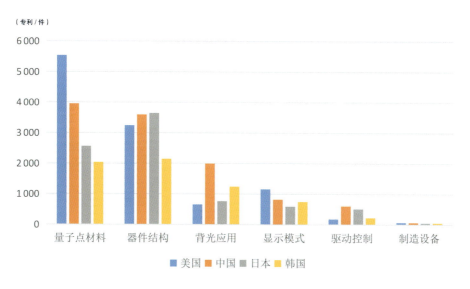

图 3.12　QLED 领域技术分支申请人来源区域专利申请量

3.3.4　各技术分支国内申请情况

图 3.13 显示了 QLED 领域各技术分支的国内申请情况，可以看到，QLED 领域的专利申请区域主要为广东、北京、江苏、浙江和上海，其中除了制造设备领域各省市的申请量都很少以外，广东在其余领域的申请量均排名第一，并且在量子点材料、器件结构、背光应用领域的申请量大幅领先，显示出广东在 QLED 领域的强大实力。北京在各领域的申请量均排名第二，在显示模式和驱动控制领域的申请量与广东相差不大。江苏的申请量在各领域排名第三。浙江和上海的申请量相对较少。

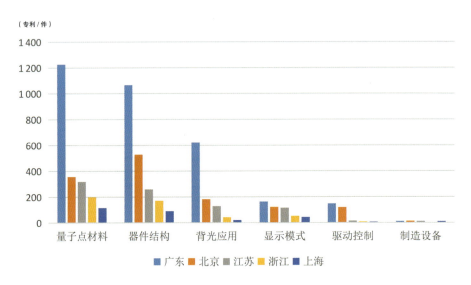

图 3.13　QLED 领域技术分支国内主要省市分布

3.3.5 各技术分支国内专利有效性

由于各技术分支在整个产业领域的研发难度以及重要性不同，其国内专利的有效性也不同，如图3.14所示。可以看到，制造设备的专利有效性维持度最高，然而由前文可知中国在制造设备领域较为薄弱，专利申请量较少，因此该数据参考性有限，同时注意到该领域内失效率也很高而且审中的比例最低，说明近年来中国在制造设备领域的研发活动较少，创新成果十分有限。除制造设备领域外，驱动控制的审中比例最高，超过50%，说明该分支为近年来兴起的研发热点。此外，可以看到除制造设备外其他分支的审中比例均在40%以上，说明QLED行业整体上处于蓬勃发展的状态。领域内有效占比最高的分支除了制造设备外，即为背光应用，超过了40%，从一定程度上说明了该技术分支的研发创新程度高、专利价值度高。

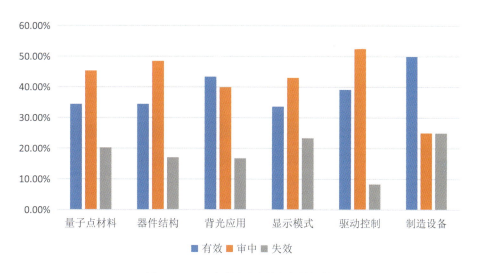

图3.14 QLED各技术分支国内专利有效性

3.4 专利申请人分析

3.4.1 全球专利主要申请人

图 3.15 为 QLED 领域全球专利申请人前十排名（申请人包括子公司和集团关联公司），可以看到，日本的株式会社半导体能源研究所的专利申请量排名全球第一，申请量达到了 4 065 件，遥遥领先于其余主要申请人。韩国的三星和 LG 分列第二和第三位，申请量分别为 3 288 件和 1 919 件。中国的京东方、TCL 和华星光电分列第四至第六位，京东方的申请量与 LG 的差距不大，TCL 和华星光电的申请量也都在 900 件上下。排名第七至第十的申请人分别为纳米技术、纳米系统、默克专利和惠科。总体来说，领域内的主要申请人大多来自日本、韩国、中国及欧美发达国家。

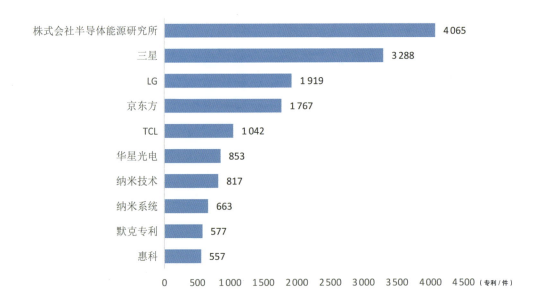

图 3.15　QLED 领域全球专利主要申请人

3.4.2 中国专利主要申请人

QLED 领域内中国专利申请人排名前十如图 3.16 所示，京东方以 996 件的申请量排名第一。TCL 紧随其后，国内专利的申请量也有 894 件。排名第三的为韩国的三星，申请量为 626 件，同为韩国的 LG 的申请量排名第六。中国的华星光电以 449 件的申请量排名第四。日本的株式会社半导体能源研究所排名第五位。排名七至十位的申请人分别为惠科、纳晶科技、群创光电和夏普。总体来看，中国专利的申请人以中国、韩国和日本申请人为主要构成，中国申请人在数量上略占优势。

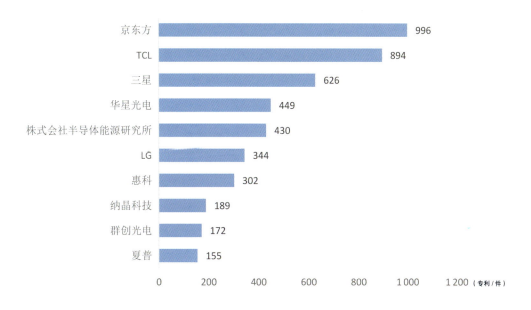

图 3.16 QLED 领域国内专利主要申请人

3.4.3 中国专利中国申请人与国外申请人宏观分析

如图 3.17 所示，从申请趋势上看，国外申请人虽然总量不多，但是起步较早，2001 年逐步开始申请并呈现出持续上涨的申请趋势。国内申请人从 2006 年才开始起步并且直到 2011 年以后才进入较为快速的增长阶段。2015 年开始，国内申请人的专利申请数量开始爆发式增长，由此拉开了与国外申请人在数量方面的差距。

如图 3.18 所示，对比中国专利国内外申请人的法律状态，可以发现，就专利的审中比例来看，中国申请人的审中比例约为 56%，外国申请人的比例约为 50%，说明中国申请人在近年来的专利申请占比更多。专利有效占比方面，中国申请人以 31.39% 的比例稍领先于外国申请人的 31.22%。专利失效占比方面，中国申请人的比例约为 13%，而外国申请人的比例则约为 18%。

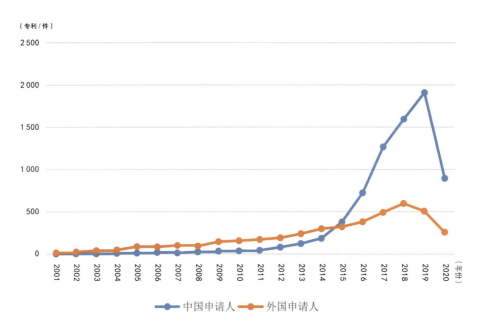

图 3.17　中国专利中外申请人申请趋势对比

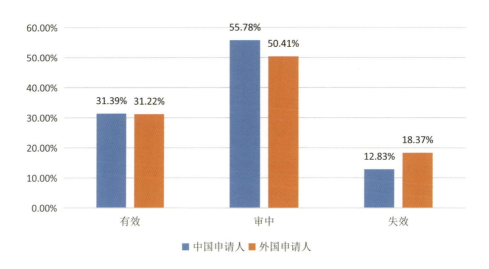

图 3.18　中国专利国内外申请人法律状态对比

3.4.4 各技术分支全球主要申请人

3.4.4.1 QLED 量子点材料全球主要申请人

如图 3.19 所示，在 QLED 量子点材料领域，韩国的三星以 826 件的申请量排名全球第一，LG 以 353 件的申请量排名第九。英国的纳米技术公司和日本的株式会社半导体能源研究所的申请量分列第三和第四名，数量均超过了 600 件。申请量在 400 件之上的还有纳米系统和默克专利。中国申请人方面，TCL 的申请量最多达到了 667 件，排名全球第二，京东方和华星光电的申请量均接近 400 件。美国的 3M 排名第十。整体来看，量子点材料领域内的主要申请人来自韩国、日本、中国、英国、美国和德国。

如图 3.20 所示，就 QLED 量子点材料领域中国申请来说，中国申请人的有效占比约为 33%，而外国申请人的有效占比约为 38%。审中占比方面，中国申请人以近 49% 的占比领先于外国申请人。失效占比方面，中国申请人的比例约为 18%，外国申请人约为 24%。由此可以看出，外国申请人在中国布局专利的时间早于中国申请人，所以有效占比较高，但近年来中国申请人加强了专利申请，所以审中占比较高。

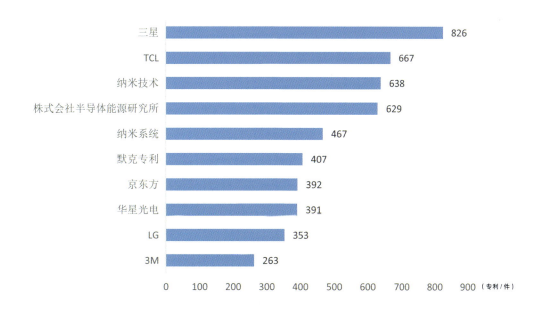

图 3.19　QLED 量子点材料全球主要申请人

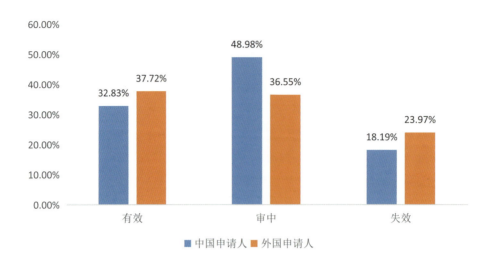

图 3.20　QLED 量子点材料中国专利国内外申请人法律状态对比

3.4.4.2　QLED 器件结构全球主要申请人

如图 3.21 所示，在 QLED 器件结构领域，日本的株式会社半导体能源研究所以绝对的优势排名第一，申请量达到了 1 996 件。中国的京东方排名第二，申请量为 800 件。韩国的三星和 LG 分列第三和第四名，申请量也都在 700 件之上。中国的 TCL、华星光电以及美国的纳米系统的专利申请量也都在 300 件之上。排名八至十位的申请人为夏普、默克专利和纳晶科技。整体来说，QLED 器件结构领域的主要申请人来自日本、韩国、中国、美国和德国。

如图 3.22 所示，在 QLED 器件结构领域，中国申请人的有效占比约为 35%，与外国申请人接近。就审中占比而言，中国申请人具有较为明显的优势，领先外国申请人近 9 个百分点。对比失效占比，中国申请人为 14.6%，低于外国申请人的 23.80%。总体而言，中国申请人的专利申请有效占比与外国申请人持平，审中占比和失效占比方面均优于外国申请人。

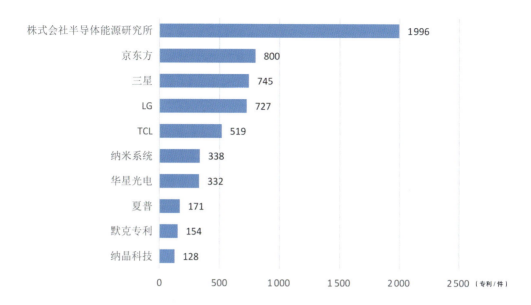

图 3.21　QLED 器件结构全球主要申请人

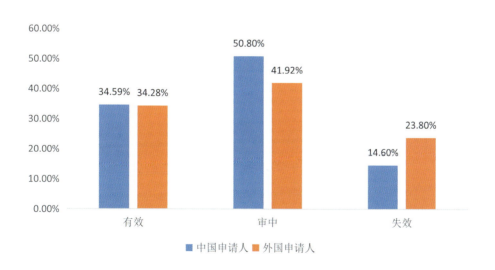

图 3.22　QLED 器件结构中国专利国内外申请人法律状态对比

3.4.4.3　QLED 背光应用全球主要申请人

如图 3.23 所示，在 QLED 背光应用领域，韩国的三星以 570 件的申请量排名全球第一，LG 以 377 件的申请量排名第三。中国的华星光电和京东方分列第二和第四名，申请量分别为 449 件和 278 件。申请量在 150 件以上的申请人有默克专利和富士。排名第七至第十的申请人分别为惠科、海信、Lumens 和住友。

如图 3.24 所示，在 QLED 背光应用领域，中国申请人的有效占比约为 46%，高于外国申请人约 11 个百分点。从审中占比来看，外国申请人领先中国申请人约 10 个百分点，说明近期国外申请人加大了在中国专利申请的力度。从失效占比来看，中国申请人的失效占比约为 16%，低于外国申请人约 1 个百分点。

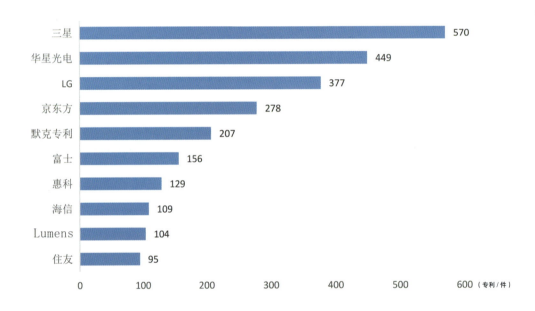

图 3.23　QLED 背光应用全球主要申请人

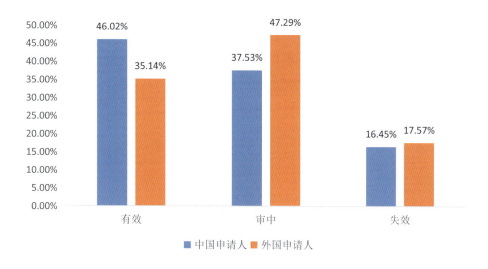

图 3.24　QLED 背光应用中国专利国内外申请人法律状态对比

3.4.4.4　QLED 显示模式全球主要申请人

如图 3.25 所示，在 QLED 显示模式领域，韩国的 LG 和三星分列第一和第二名，申请量分别为 328 件和 227 件。中国的京东方以 171 件的申请量排名第三。申请量在 100 件以上的申请人还有英特曼帝克司和全球 OLED。排名六至十位的申请人分别为柯尼卡、麻省理工学院、默克专利、3M 和纳晶科技。

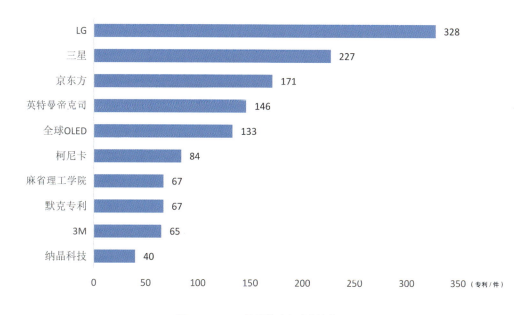

图 3.25　QLED 显示模式全球申请人

如图 3.26 所示，在 QLED 显示模式中国专利申请中，中国申请人的专利有效占比为 34.64%，领先于外国申请人 31.90% 的比例。从审中比例来看，中国申请人的审中比例为 44.33%，领先于外国申请人的 40.18%。从失效比例来看，中国申请人的失效占比为 21.03%，而外国申请人的这一比例为 27.91%。

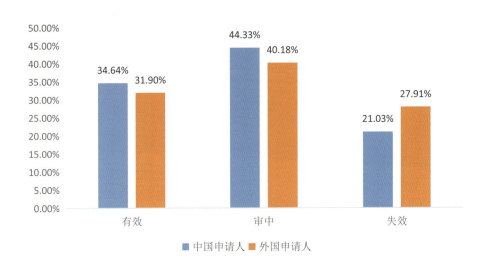

图 3.26　QLED 显示模式中国专利国内外申请人法律状态对比

3.4.4.5　QLED 驱动控制全球主要申请人

如图 3.27 所示，在 QLED 驱动控制领域，京东方以 262 件的申请量排名全球第一。日本的株式会社半导体能源研究所以 3 件之差紧随其后。惠科排名第三，申请量为 193 件。韩国的三星和 LG 分列第四和第五位，申请量分别为 137 件和 55 件。排名六至十位的申请人分别为夏普、精工爱普生、全球 OLED、日本显示器和索尼。总体来说，驱动控制领域的主要申请人以日本、中国和韩国申请人为主。

如图 3.28 所示，就 QLED 驱动控制中国专利的国内外申请人法律状态对比来看，中国申请人的专利有效占比为 35.96%，低于外国申请人的 47.76%。从审中占比来看，中国申请人远远领先于外国申请人，中国申请人的审中占比达到了 58.15%，而外国申请人只有 37.31%。从失效占比来看，中国申请人的专利申请失效占比仅有 5.9%，而外国申请人的失效占比为 14.93%。

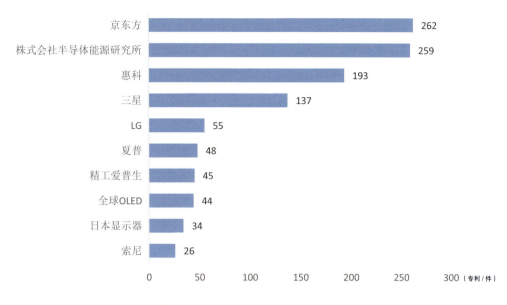

图 3.27　QLED 驱动控制全球主要申请人

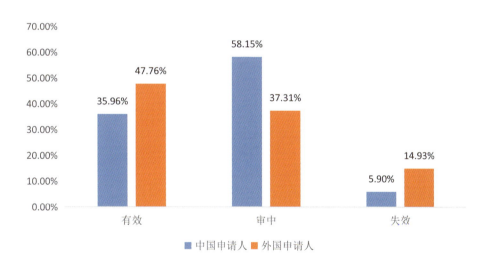

图 3.28　QLED 驱动控制中国专利国内外申请人法律状态对比

3.4.4.6　QLED 制造设备全球主要申请人

如图 3.29 所示，在 QLED 制造设备领域，韩国和日本的企业占据着明显的优势。韩国的三星以 16 件的申请量排名全球第一。日本的夏普排名第二，申请量为 12 件。日本 ITF 株式会社以 10 件的申请量排名第三。韩国的丽佳达普株式会社排名第四。排名第五的为德国的爱思强，申请量为6件。应用化学、TCL、密歇根州立大学的申请量均为5件。韩国科学技术院和苏州拓升智能装备的申请量均为4件。总体来说，在QLED制造设备领域，韩国与日本申请人的申请量全球领先。

如图3.30所示，就QLED制造设备中国专利的国内外申请人法律状态对比来看，相比于外国申请人，中国申请人的专利申请有效占比与外国申请人完全相同，有效专利占比均为50%，中国申请人的审中占比为27.42%，高出外国申请人约9个百分点。中国申请人的失效专利占比为22.58%，外国申请人为31.82%。

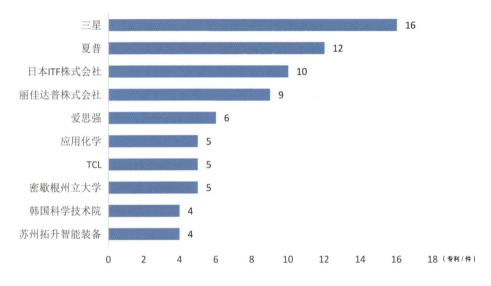

图3.29 QLED制造设备全球主要申请人

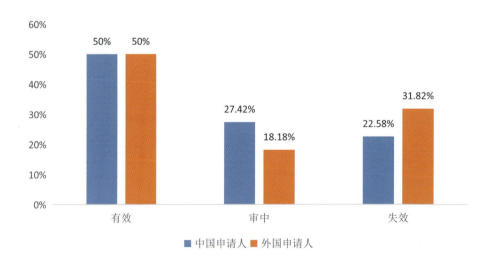

图3.30 QLED制造设备中国专利国内外申请人法律状态对比

3.5 世界知识产权组织 PCT 申请情况

3.5.1 世界知识产权组织 PCT 总体申请趋势

如图 3.31 所示，QLED 领域内的世界知识产权组织 PCT 申请共计 5 893 件，从近 20 年来的申请趋势可以看出，2001 年至 2015 年的申请量一直处于稳步增长的趋势之中，年申请量仅个别年份出现了小幅回落，2016 年开始进入加速上涨的阶段，2018 年的申请量已经突破了 800 件大关。

如图 3.32 所示，QLED 领域内的世界知识产权组织 PCT 申请在 2017 年之前，一直由美国占据着主导地位，其申请量最多。2014 年之后，中国的世界知识产权组织 PCT 申请量开始迅速增长并于 2018 年一举超越美国。日本的世界知识产权组织 PCT 申请量在 2015 年以后也有了一定程度的增加。

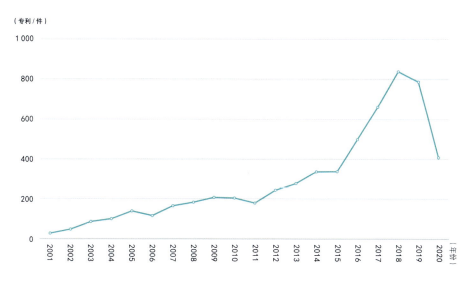

图 3.31　QLED 领域世界知识产权组织 PCT 申请趋势

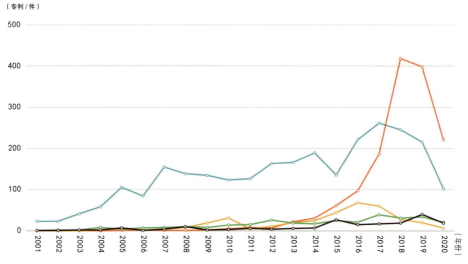

图 3.32　QLED 领域根据申请人国别划分的世界知识产权组织 PCT 申请趋势

如图 3.33 所示,在 QLED 领域的世界知识产权组织 PCT 申请中,来自美国的申请最多,占比超过了 45%,其次为来自中国的申请,占比接近 25%,来自日本、德国和英国的申请也有一定的数量,比例分别约为 6.1%、5.4% 和 4.6%。

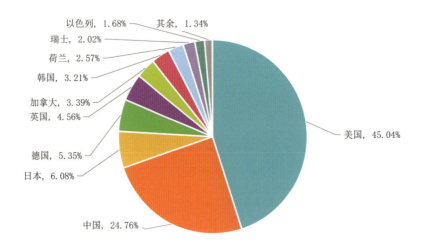

图 3.33　QLED 领域世界知识产权组织 PCT 申请来源国分布图

3.5.2 各技术分支世界知识产权组织 PCT 申请情况

如图 3.34 所示,QLED 领域内世界知识产权组织 PCT 申请数量最多的技术分支为量子点材料,共计 2 544 件。器件结构和背光应用也分别有 1 480 件和 528 件的申请量。显示模式的申请量排名第四,也超过了 450 件。而驱动控制和制造设备领域的世界知识产权组织 PCT 申请量相对较少,分别仅有 203 件和 19 件。

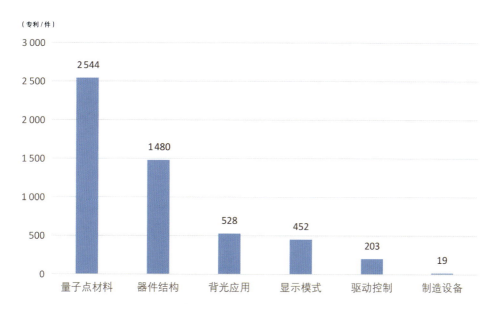

图 3.34　QLED 领域世界知识产权组织 PCT 各技术分支数量

如图 3.35 所示,QLED 领域内量子点材料的申请起步最早,从 2003 年开始一直处于增长的态势中,2015 年以后更是显示出加速上涨的趋势。其余技术领域的年申请量在 2015 年之前都没有太大的差距,2015 年之后,器件结构的申请量开始快速上涨,2019 年的申请量已经与量子点材料的申请量十分接近。

如图 3.36 所示,在各技术分支的世界知识产权组织 PCT 申请来源国中,美国申请人在量子点材料、器件结构、显示模式和制造设备领域都占据着非常明显的优势。中国申请人在背光应用和驱动控制领域占有一定的优势。日本和德国申请人分别在器件结构、量子点材料领域有着相对其他领域而言较多的申请量。

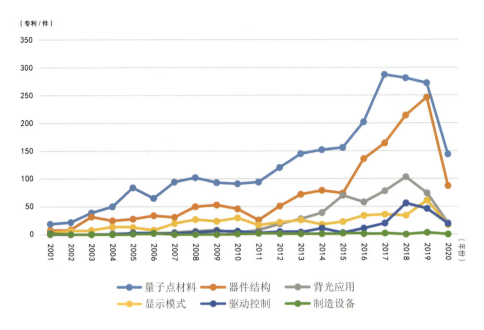

图 3.35 QLED 领域世界知识产权组织 PCT 各技术分支申请趋势

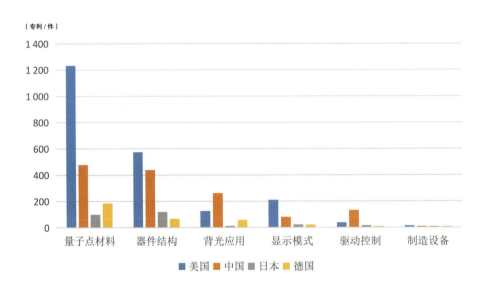

图 3.36 QLED 领域世界知识产权组织 PCT 各技术分支申请来源国

如图 3.37 所示，目前来看，中国的京东方通过世界知识产权组织 PCT 渠道的国际申请量排名第一，达到了 384 件。排名第二的为日本的株式会社半导体能源研究所，申请量则有 255 件。排名第三和第四的申请人也都来自中国，分别是华星光电和惠科。排名第五至第十的申请人均来自欧美国家，分别为默克专利、纳米系统、3M、麻省理工学院、QD Vision 和纳米技术。整体来看，世界知识产权组织 PCT 的主要申请人来自中国、日本、德国和美国。值得注意的是，在 QLED 领域内较为强势的三星和 LG 在世界知识产权组织 PCT 申请方面比较薄弱，两者的申请量均未能进入前十。

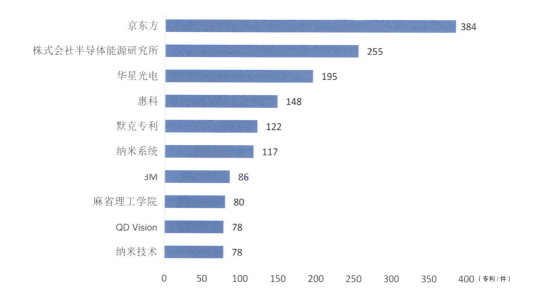

图 3.37　QLED 领域世界知识产权组织 PCT 主要申请人

3.6 核心专利申请情况

3.6.1 核心专利公开国（地区）及组织情况

截至 2020 年 12 月 30 日，全球在 QLED 领域的核心专利有 4 385 件（以打分排名选取各领域排名前 10% 的专利），具体分布情况如图 3.38 所示。其中美国专利占比约为 49%，排名第一。其次为中国专利，所占比例为 25.65%。韩国专利排名第三，所占比例也有 13.56%。日本专利的占比较少，仅有 4.77%。

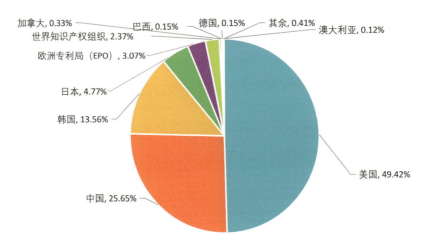

图 3.38 QLED 领域核心专利全球公开国别（地区）及组织分布

3.6.2 核心专利申请国（地区）情况

如图 3.39 所示，从 QLED 领域核心专利的申请人国别（地区）来看，日本申请人的占比最高，接近 35% 的比例。美国申请人排名第二，所占比例为 33.19%。韩国申请人排名第三，所占比例也超过了 8%。排名第四和第五的分别为英国和德国，比例均在 5% 之上。中国申请人的占比仅有 3.74%，排名第六。整体来看，QLED 领域的核心专利被日本、美国和韩国申请人牢牢占据。

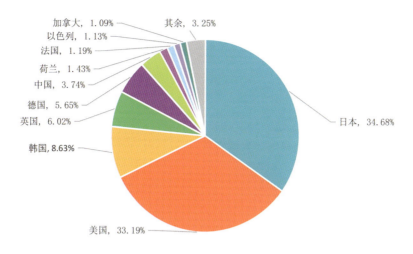

图 3.39　QLED 领域核心专利全球申请人国别（地区）分布

3.6.3　核心专利技术分布情况

如图 3.40 所示，在 QLED 核心专利的各项技术分支上，美国专利在各细分技术领域均排名第一，其中量子点材料、器件结构、显示模式、驱动控制领域的领先优势均较大。中国核心专利在各细分技术领域的申请量均排名第二，其中背光应用领域的数量与美国较为接近。韩国核心专利则主要集中在量子点材料及器件结构领域。相比之下，日本核心专利的数量则明显较少，当然这与日本申请人的专利布局主要在海外有很大关系。

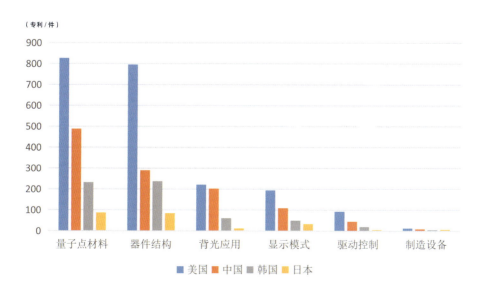

图 3.40　QLED 核心专利各技术分支全球专利公开国国别分布

如图 3.41 所示，从申请人国别分布上来说，日本申请人在器件结构和驱动控制领域的核心专利数量占据非常明显的优势，背光应用领域的申请量也排名第一。美国申请人则在显示模式和量子点材料领域的核心专利数量上有较大的领先优势。中国申请人在各领域的核心专利数量均偏少。

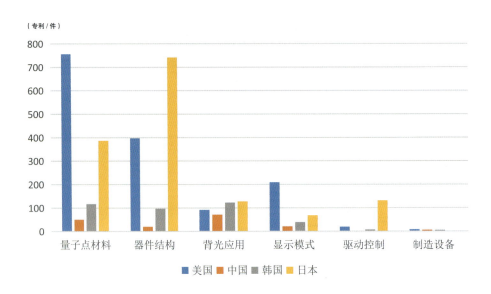

图 3.41　QLED 核心专利各技术分支全球专利申请人国别分布

3.6.4　核心专利主要申请人分布情况

3.6.4.1　QLED 量子点材料核心专利主要申请人排名

如图 3.42 所示，株式会社半导体能源研究所在 QLED 量子点材料领域核心专利排名中位居首位，申请量达到了 170 件。英国的纳米技术排名第二，申请量为 125 件。美国的纳米系统排名第三，申请量为 103 件。排名第四和第五的分别为韩国的三星和德国的默克专利，申请量分别为 77 件和 48 件。整体来看，QLED 量子点材料领域核心专利的持有人主要来自日本、英国、美国、韩国和德国。

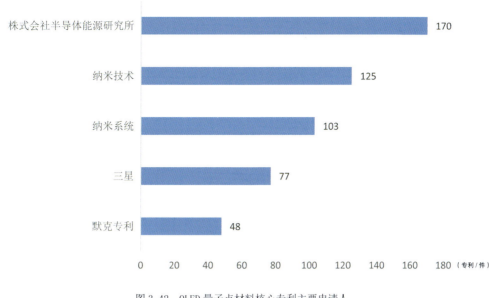

图 3.42　QLED 量子点材料核心专利主要申请人

3.6.4.2　QLED 器件结构核心专利主要申请人排名

如图 3.43 所示，在 QLED 器件结构领域，依然是日本的株式会社半导体能源研究所排名第一，核心专利的申请数量达到了 521 件，远远超过其他主要申请人。排名第二的为美国的纳米系统，核心专利数量为 75 件。韩国的三星排名第三，核心专利的数量为 50 件。默克专利和柯达的申请量分列第四和第五位，分别为 22 件和 17 件。

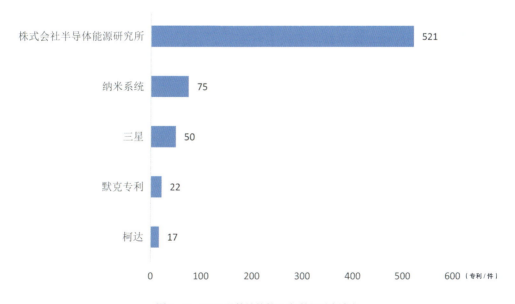

图 3.43　QLED 器件结构核心专利主要申请人

3.6.4.3　QLED 背光应用核心专利主要申请人排名

如图 3.44 所示，在 QLED 背光应用领域，三星的核心专利申请量为 71 件，排名第一。默克专利紧随其后，核心专利的申请量为 50 件。排名第三的为株式会社半导体能源研究所，也有 33 件的核心专利申请。日本的住友和中国的华星光电分列第四和第五位，申请量也都在 20 件之上。

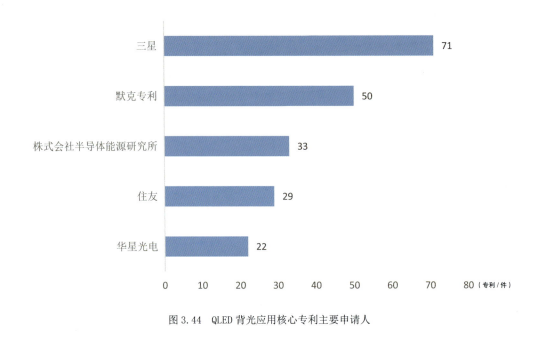

图 3.44　QLED 背光应用核心专利主要申请人

3.6.4.4　QLED 显示模式核心专利主要申请人排名

如图 3.45 所示，在 QLED 显示模式领域，三星和全球 OLED 公司的核心专利申请量并列第一，均为 21 件。默克专利排名第三，核心专利申请数量为 19 件。麻省理工学院和英特曼帝克司分列第四和第五位，核心专利申请数量分别为 15 件和 11 件。

3.6.4.5　QLED 驱动控制核心专利主要申请人排名

如图 3.46 所示，在 QLED 驱动控制领域，核心专利数量排名第一的为株式会社半导体能源研究所，数量为 77 件，遥遥领先。排名第二的为精工爱普生，核心专利的数量仅有 18 件。日本的索尼、加拿大的伊格尼斯和韩国的三星分列第三至第五位。

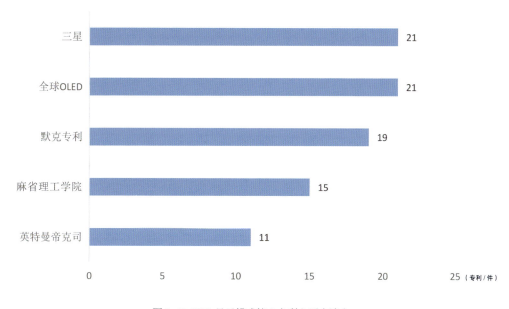

图 3.45 QLED 显示模式核心专利主要申请人

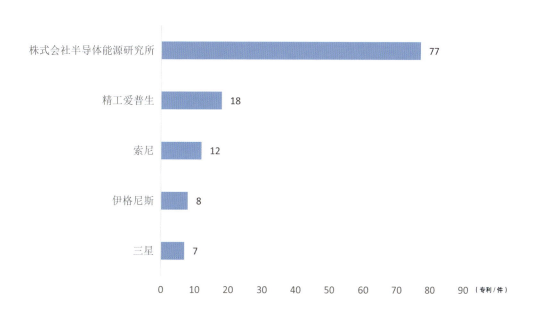

图 3.46 QLED 驱动控制核心专利主要申请人

3.6.4.6　QLED 制造设备核心专利主要申请人排名

如图 3.47 所示，在 QLED 制造设备领域，各主要申请人的核心专利申请量均较少。排名第一的为三星和埃西斯创新有限公司，数量均为 4 件。爱思强和牛津大学创新公司分别排名第三和第四位。

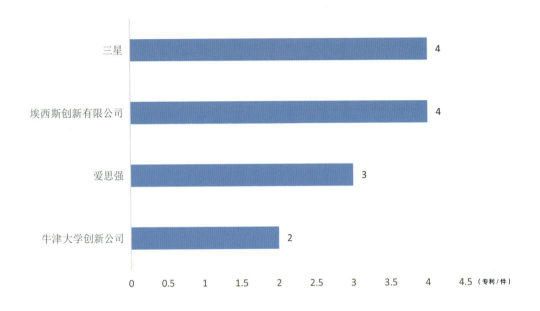

图 3.47　QLED 制造设备核心专利主要申请人

3.7 总结

1. QLED 技术研究始于 20 世纪 90 年代，目前处于技术爆发期

QLED 技术领域的研究始于 20 世纪 90 年代，发展于 21 世纪前十年，申请量开始逐步上扬。2011 年前后进入技术爆发期并且持续至今，专利申请量整体呈现快速增长的趋势。

2. QLED 领域的专利主要布局区域为中国、美国、韩国、日本，目前在美国申请公开的专利总量居全球榜首

2018 年开始，在中国申请公开的专利量已居全球榜首。美国专利的申请量从 2000 年开始进入较快的上涨阶段并奠定了在全球领先的基础，2012 年以后更是呈现出加速上涨的趋势。中国专利的数量于 2014 年开始发力逐渐缩小与美国的距离并在 2018 年一举超越。韩国专利的申请量自 2014 年以后便进入平台期，年申请量不再有明显的增长。日本专利的申请量则在 2013 年以后出现一定的上涨趋势。

3. QLED 领域内专利主要来源于中国、美国、日本和韩国，国内专利主要来源于广东、北京及江苏

在 2017 年，中国的申请人在全球带来的年专利申请量已超越美国和日本，成为世界第一。而在此之前，美国申请人的专利申请量长期以来在 QLED 领域均处于前列，实力不可小觑。除此之外，近 10 年来，韩国申请人也逐步开始在该领域内加大研发投入，其年专利申请量于 2017 年已经追上了美国和日本申请人的数量。国内专利主要来自广东、北京、江苏等省市。

4. 领域内美国和日本申请人均较为重视专利海外布局

美国申请人的主要海外布局目标为中国和韩国，另有较大比例的专利通过世界知识产权组织流向不同区域。日本申请人的绝大多数专利均布局在海外，美国为日本申请人首选的海外布局国家，其次为韩国和中国。中国申请人以本土布局为主，小部分的海外专利申请目标区域以美国为主。韩国申请人也较为重视本土专利布局，美国和中国为其主要的海外布局目标国。

5. QLED 领域，与量子点材料相关的专利申请量最多，驱动控制及制造设备方面的专利较少

对 QLED 领域进行具体技术细分，选取主要的 6 大细分技术领域分析发现与量子点材料相关的创新成果最多，其次为与器件结构有关的专利申请。与背光应用相关的排名第三，显示模式领域排名第四，驱动控制、制造设备技术方面的专利相对较少。从申请趋势上看，量子点材料、器件结构在 2000 年之后都开始迅速发展，器件结构领域的申请趋势与量子点材料大体相同。背光应用领域的申请量从 2013 年开始进入快速上涨的阶段。显示模式领域的专利申请量则是从 2015 年开始有着较为明显的增长。驱动控制和制造设备领域的专利申请量在 2016 年之前均较少，2017 年开始，驱动控制领域的申请量有所增加，而制造设备领域的波动趋势依然较小。

6. 美国和中国为各细分技术领域首选的专利布局国

各技术分支布局情况与 QLED 整体的布局情况基本一致，主要公开国为美国、中国、韩国和日本。美国专利数量除了在背光应用和制造设备领域之外，在量子点材料、器件结构、显示模式、驱动控制领域均排名全球第一。中国专利的数量在背光应用领域和制造设备领域排名第一，在量子点材料、器件结构、显示模式和驱动控制领域均排名第二，专利数量与美国的差距并不大。

7. 中国申请人在背光应用和驱动控制方面占优

美国申请人在量子点材料领域具有优势，领先第二名中国的优势较大，其在显示模式和制造设备领域也排名全球第一。中国申请人在背光应用和驱动控制领域的申请量排名第一，其中背光应用的领先优势较大，器件结构、显示模式、量子点材料和制造设备领域的申请量则排名第二。日本申请人在器件结构领域的申请量排名第一。韩国申请人在背光应用领域的申请量排名第二。

8. QLED 领域，株式会社半导体能源研究所的专利申请量全球最多，京东方国内排名第一

QLED 领域内的主要申请人大多来自日本、韩国和中国及欧美发达国家。日本的株式会社半导体能源研究所的专利申请量排名全球第一，韩国的三星和 LG 分列第二和第三位，中国的京东方、TCL 和华星光电分列第四至第六位，排名第七至第十的申请人分别为纳米技术、纳米系统、默克专利和惠科。

就国内专利的申请人排名而言，京东方和 TCL 排名前列，华星光电、惠科、纳晶科技也占据一席之地。三星、LG、株式会社半导体能源研究所、群创光电、夏普等国外申请人也纷纷在中国有较多的专利申请。

9. QLED 领域内世界知识产权组织 PCT 专利申请主要集中在量子点材料、器件结构方面，美国和中国申请量最高

QLED 领域内世界知识产权组织 PCT 申请数量最多的技术分支为量子点材料，其次为器件结构和背光应用，显示模式的申请量排名第四，驱动控制和制造设备领域的世界知识产权组织 PCT 申请量相对较少。申请人来自美国的最多，占比超过了 45%，其次为来自中国的申请，占比接近 25%，来自日本、德国和英国的申请也有一定的数量，比例分别约为 6.1%、5.4% 和 4.6%。在各技术分支的世界知识产权组织 PCT 申请来源国中，美国申请人在量子点材料、器件结构、显示模式和制造设备领域都占据着非常明显的优势。中国申请人在背光应用和驱动控制领域占有一定的优势。日本和德国申请人分别在器件结构、量子点材料领域有着相对其他领域而言较多的申请量。

10. 美国公开的核心专利最多，核心专利量最多的申请人国别为日本

从核心专利公开区域来看，美国专利的数量最多，其次为中国。从申请人国别来看，日本排名第一，美国、韩国、英国、德国分列第二至第五位，中国仅排名第六。

在 QLED 核心专利的各项技术分支上，美国专利在各细分技术领域均排名第一。中国公开的核心专利在各细分技术领域的申请量均排名第二。韩国核心专利则主要集中在量子点材料及器件结构领域。相比之下，日本核心专利的数量则明显较少，当然这与日本申请人的专利布局主要在海外有很大关系。

从申请人国别分布上来说，日本申请人在器件结构和驱动控制领域的核心专利数量占据非常明显的优势，背光应用领域的申请量也排名第一。美国申请人则在显示模式和量子点材料领域的核心专利数量上有较大的领先优势，中国申请人在各领域的核心专利数量均偏少。

株式会社半导体能源研究所在量子点材料领域核心专利排名中位居首位，英国的纳米技术排名第二，美国的纳米系统排名第三；在器件结构领域，依然是日本的株式会社半导体能源研究所排名第一，排名第二的为美国的纳米系统，韩国的三星排名第三；在背光应用领域，三星的核心专利申请量排名第一，默克专利紧随其后，排名第三的为株式会社半导体能源研究所；三星和全球 OLED 公司同时在显示模式领域拥有最多的核心专利，默克专利排名第三；在驱动控制领域，核心专利数量排名第一的为株式会社半导体能源研究所，排名第二的为精工爱普生，索尼排名第三；在制造设备领域，三星和埃西斯创新有限公司并列占据核心专利数量第一的位置。

第四章　激光显示技术知识产权研究分析

4.1　发展趋势

4.1.1　全球专利总体申请趋势

截至 2020 年 5 月 8 日，全球在激光显示领域的专利申请量为 18 017 件，图 4.1 显示了该领域内的专利申请趋势，可以看出，整个领域的专利申请始于 20 世纪 70 年代，初期处于技术萌芽期，直到 20 世纪 80 年代以后，专利申请量才开始有所提升。1982—2004 这二十多年间，激光显示领域的专利申请量在波动中不断增长，到 2004 年接近 600 件的年申请量。2004—2014 年这十年间，专利申请量趋于平稳，在 2014 年之后，领域内全球专利申请量又有了飞速增长，2016 年的申请量突破了 1 000 件，2017 年突破了 1 200 件。从整体发展趋势来看，未来激光显示领域的专利申请量将持续上升。总体而言，全球激光显示领域的技术处于高速发展期。

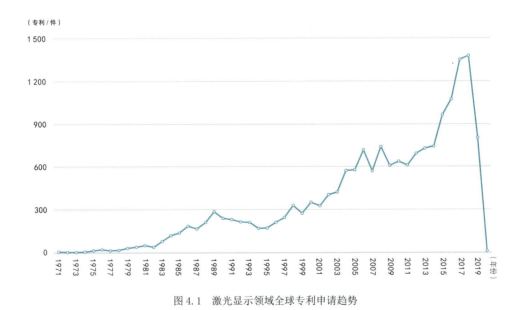

图 4.1　激光显示领域全球专利申请趋势

数据检索截止时间 2020 年 5 月 8 日为专利公开（公告）日，由于 2017 年之后的专利申请数据尚未完全公开，因此，之后的专利申请数据不作为参考。

4.1.2 主要国家（地区）及组织专利申请趋势

图 4.2 显示了激光显示领域主要国家（地区）及组织专利申请趋势。可以看出，中国在近 10 年间在激光显示领域发展迅速，2008 年之后，中国就成为全球激光显示的重要目标市场，在中国申请的年专利量居于世界榜首，特别是 2014 年之后，专利申请量快速增长。除了中国，日本和美国也是全球激光显示的重要市场及重点研发国。在日本的专利申请时间较早，在 20 世纪 80 年代到 90 年代间有一个小高峰，随后有所下降，但总体趋势平稳。在美国的专利申请量自 20 世纪 80 年代以后逐步增长，发展也较为平稳。相比较而言，中国作为新兴市场，已受到全球的关注，随着国内专利制度的不断完善和发展，全球越来越多的申请人选择在中国进行专利布局。同时，国内在激光显示领域的技术发展也不断加速，成果产出日益丰厚，为中国专利量的增长打下了坚实的基础。

图 4.2 激光显示领域主要国家（地区）及组织专利申请趋势

4.1.3　主要国家及地区申请人专利申请趋势

图 4.3 显示了激光显示领域主要国家及地区申请人专利申请趋势，可知各国的大致趋势与图 4.2 相一致，这在一定程度上说明大部分申请均为本国申请。在这些曲线中，比较明显的是日本，日本申请人的专利申请量整体上高于在日本申请的专利量，这说明日本申请人的较大一部分专利布局在海外。总体而言，从图 4.3 中可以看出，中国目前不仅已成为全球重要的激光显示市场，国内在激光显示领域的研发实力也不断增强，研发热情高涨，国内研发主体的专利申请量目前已位于全球榜首。

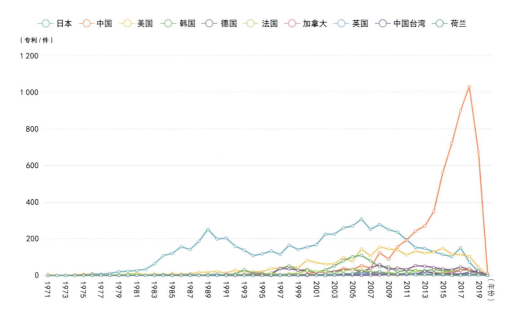

图 4.3　激光显示领域主要国家及地区申请人专利申请趋势

4.1.4 国内专利申请趋势

图 4.4 显示了激光显示领域内国内专利申请趋势，可以看出，北京在 2008 年的表现突出，随后申请量出现回落。2010 年以后，广东和山东表现最为突出，申请量快速增长且交替领先，近年来广东的势头更加向好。四川和江苏的申请量近年来也有明显的增长。

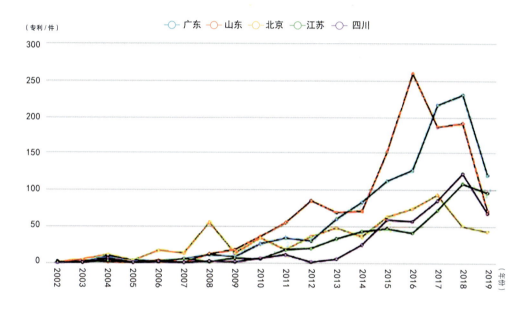

图 4.4　激光显示领域国内专利申请趋势

4.2 专利区域分布

4.2.1 主要国家（地区）及组织专利申请量、专利来源国（地区）排名

图 4.5 显示了激光显示领域内主要国家（地区）及组织专利申请量排名。由图可知，在中国公开的专利数量最多，目前已经超过 7 000 件。排名第二、三位的分别为日本和美国，两者的差距不大，都在 3 500 件以上。韩国和德国也有一定的公开专利量。

在研发实力方面（如图 4.6 所示），日本申请人排名世界第一，申请量超越了 7 000 件。中国申请人紧随其后，申请量接近 6 000 件。美国、韩国和德国申请人也有着一定的申请量。

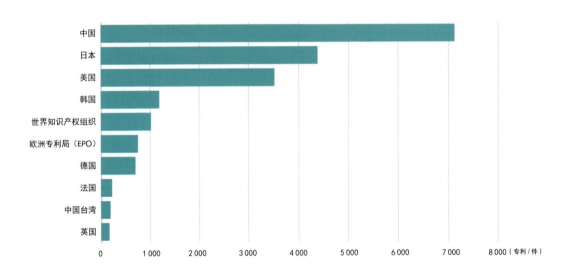

图 4.5 激光显示领域主要国家（地区）及组织专利申请量

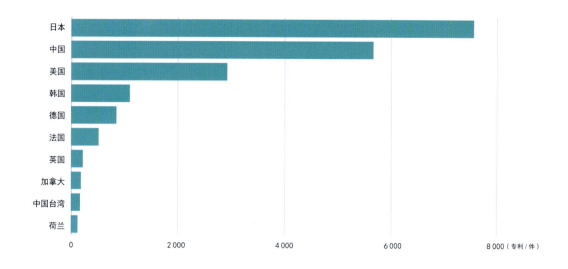

图 4.6　激光显示领域全球申请人国别（地区）

4.2.2　全球专利布局情况

图 4.7 反映了各国（地区）及组织的专利布局策略，其中横轴为专利申请人国别（地区），纵轴为专利公开国国别（地区）及组织。由图可知激光显示领域内除了日本申请人以外，各国申请人均倾向于在本国布局专利。日本申请人除了在本国申请专利外，在美国和中国也有一定数量的专利布局。

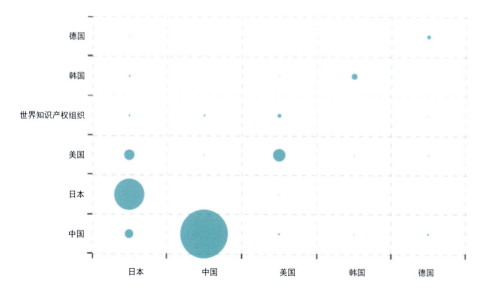

图 4.7　激光显示领域各国（地区）及组织申请人全球专利布局情况

4.2.3 中国专利申请情况

图 4.8 显示了激光显示领域国内专利申请量排名。从图可知激光显示领域国内的研发主体主要集中在广东和山东，专利申请量名列前茅，远超全国其他区域，其数量均接近 1 000 件。其次为北京、江苏、四川及上海，专利申请量在 300～600 件之间，研发实力也较强。

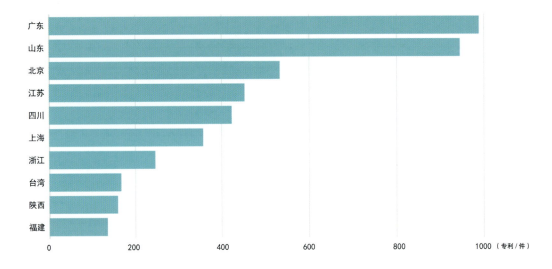

图 4.8　激光显示领域中国主要省市申请量

4.3 专利技术结构分析

4.3.1 专利技术结构

图 4.9 显示了激光显示领域各技术分支的专利数量，与光源有关的技术分支专利申请量最多，超过了 1 万件。其次为显示屏幕领域，专利申请量接近 3 500 件。散斑抑制的专利申请量在 3 000 件出头。显示芯片领域也有 2 607 件的专利申请量。

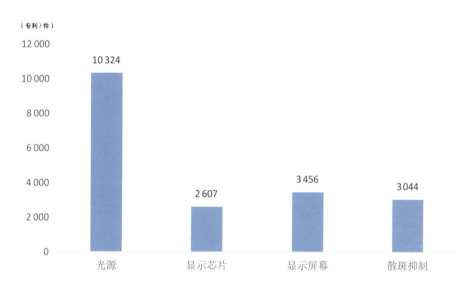

图 4.9 激光显示领域各技术分支专利数量

4.3.2 各技术分支专利申请趋势

图 4.10 为激光显示领域各技术分支的专利申请趋势，可以看出，各技术的专利申请总体趋势十分类似，均在 2009 年左右达到第一波研发高峰，随后小幅回落，在 2015 年左右重新进入上升通道并创出新高。

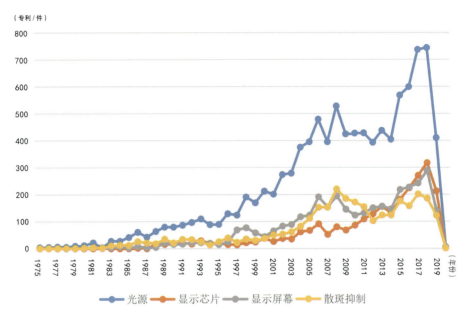

图 4.10 激光显示领域各技术分支专利申请趋势

4.3.3 各技术分支全球专利布局情况

图 4.11 为激光显示领域技术分支在全球主要区域专利布局情况,各技术分支布局情况与整体的布局情况一致,主要公开国为中国、日本、美国和韩国。

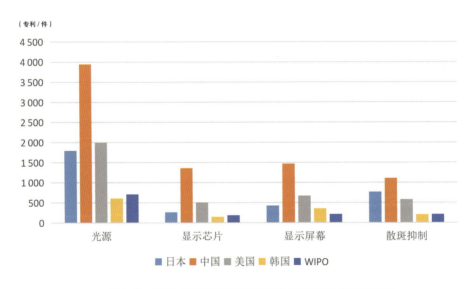

图 4.11 激光显示领域技术分支在全球主要区域专利布局情况

从如图 4.12 所示的技术分支的申请人地区排行来看，日本申请人在光源和散斑抑制领域占据着一定的优势，中国申请人在这两个领域的申请量均排名第二。中国申请人在显示芯片和显示屏幕领域占优，其中显示芯片领域的优势较为明显。在显示屏幕领域，中日两国的申请量相当。美国申请人在光源领域也有一定的申请量。

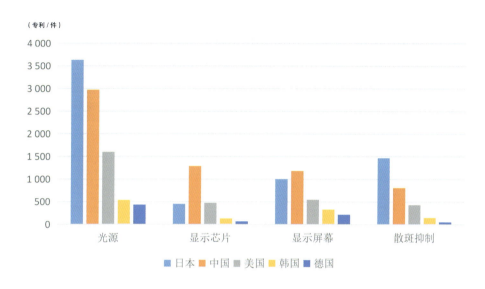

图 4.12　激光显示领域技术分支申请人国别

4.3.4　各技术分支国内申请情况

图 4.13 显示了激光显示各技术分支的国内申请情况，可以看到，激光显示领域的专利申请区域主要为广东、山东、北京、江苏、四川和上海。广东在光源、显示芯片、显示屏幕和散斑抑制均占有优势。山东则紧随其后，在各领域排名第二。北京、江苏、四川和上海在各领域也有一定的申请量。

4.3.5　各技术分支国内专利有效性

由于各技术分支在整个产业领域的研发难度以及重要性不同，其国内专利的有效性也不同，如图 4.14 所示，可以看到，各领域的专利有效性均在 40% 以上，其中显示屏幕

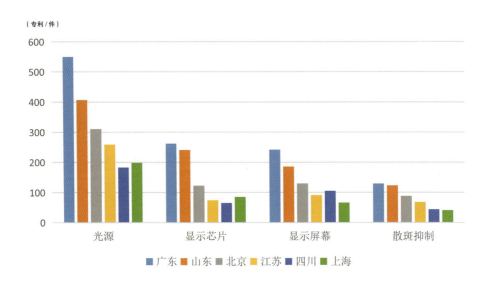

图 4.13 激光显示领域技术分支国内主要省市分布

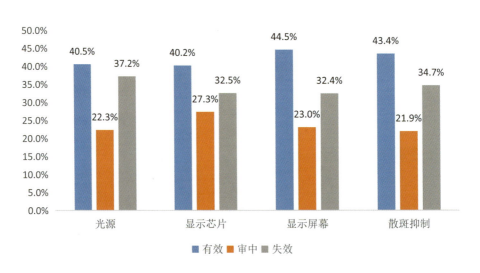

图 4.14 激光显示各技术分支国内专利有效性

的有效性最高,达到了 44.5%,显示芯片的有效性最低,只有 40.2%。处于审中状态比例最高的为显示芯片领域,达到了 27.3%,散斑抑制领域的审中比例最低,只有 21.9%。失效占比则是光源领域最高,达到了 37.2%,最低的为显示屏幕领域,也有 32.4%。

4.4 专利申请人分析

4.4.1 全球专利主要申请人

图 4.15 显示了激光显示领域全球主要申请人的专利申请量情况，可以看到，该领域全球领先的专利申请主体大部分为日本的大型跨国企业，如三菱、日亚、松下、东芝、索尼、日本电气、三洋等，企业体量大，专利申请量远超其他国家的申请人。国内在该领域专利申请量较多的主要有海信。其他国家的申请人如韩国的三星、美国的德州仪器研发实力也较强。从专利申请量排名较靠前的申请主体可以看出，日本研发实力最强，中国、韩国和美国的申请人也有一定的申请量。

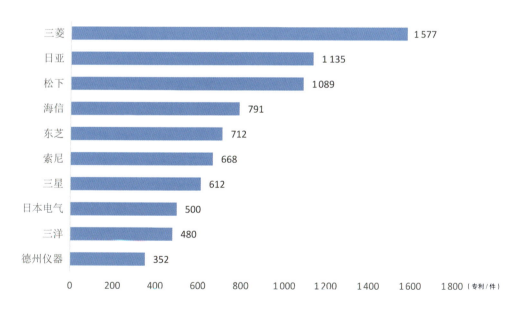

图 4.15 激光显示领域全球专利主要申请人

4.4.2 中国专利主要申请人

激光显示领域国内专利的主要申请主体如图 4.16 所示。海信排名第一，申请量遥遥领先。从申请人数量分析，目前激光显示领域国际巨头，特别是日本国际巨头的研发实力及在中国的专利布局能力非常强，排名前十的申请人中日本申请人占据了 4 席。国内申请人的申请量主要来自海信、长虹、光峰、中科光电和歌尔，中国申请人整体研发实力与国际企业仍存在较大差距。

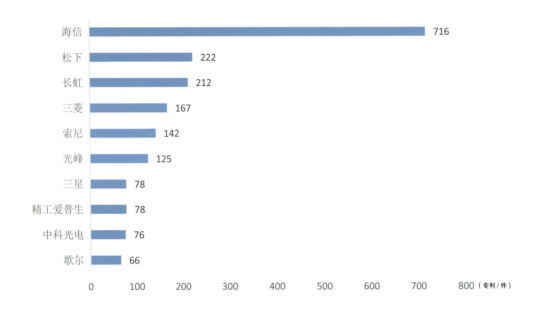

图 4.16 激光显示领域国内主要申请人

4.4.3 中国专利中国申请人与国外申请人宏观分析

如图 4.17 和图 4.18 所示，从申请趋势上看，国外申请人的专利申请数量虽然总量不多，但是起步较早，从 1985 年开始就有少量的专利申请。1991 年以后至 2004 年，专利申请量进入快速增长的阶段，年申请量突破了 100 件。2004 年以后，专利申请量总体呈现出高位振荡的态势，波动幅度并不大。而国内申请人的专利申请起步于 2000 年前后，2010 年开始进入高速增长的阶段并且近年来势头不减。

如图 4.19 所示，对比中国专利国内外申请人的法律状态，可以发现，国内申请人在专利有效性和审中状态比例上均高于国外申请人，当然，这其中有一部是因为国外申请人申请的专利已经过了保护年限而失效造成的。

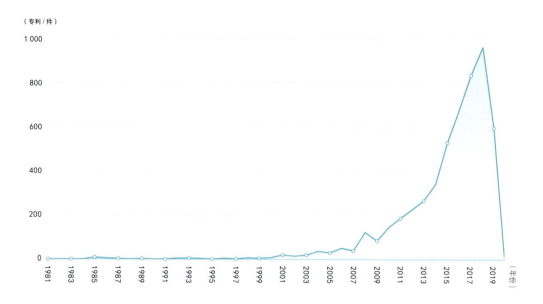

图 4.17　中国申请人申请趋势

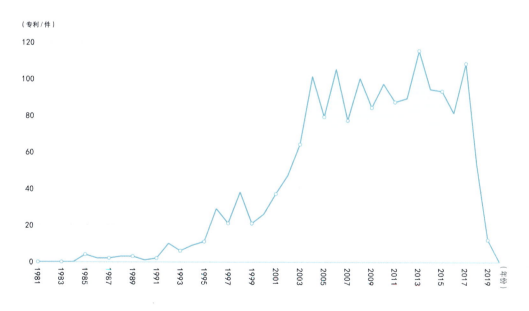

图 4.18　国外申请人申请趋势

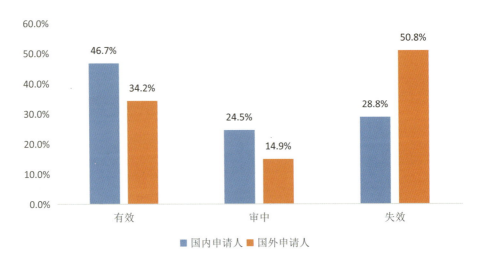

图 4.19　中国专利国内外申请人法律状态对比

4.4.4　各技术分支全球主要申请人

4.4.4.1　激光显示光源全球主要申请人

如图 4.20 所示，在激光显示光源领域，日本申请人占据着绝对的优势，松下、日亚和三菱分列前三，申请量都超过了 600 件，索尼排名第四。来自中国的海信排名第五，与前四名的日本申请人有一定的差距，申请量为 364 件。韩国的三星排名第六，申请量为 300 件。排名七至十位的申请人为东芝、三洋、日本电气、LG，申请量都在 100 件以上。

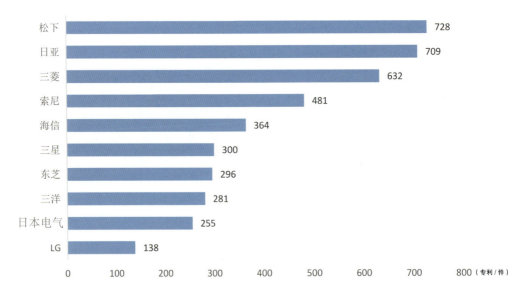

图 4.20　激光显示光源全球主要申请人

4.4.4.2 激光显示芯片全球主要申请人

如图4.21所示,在激光显示芯片领域,美国的德州仪器以273件的申请量排名第一。来自中国的海信以205件的申请量排名第二。日本的三菱和松下分列第三、四位,日亚排名第六。韩国的三星以72件的申请量排名第五。中国的OPPO则排名第七,申请量为52件。排名八至十位的申请人分别为奥比、索尼和三洋。整体来说,显示芯片领域内美国申请人、日本申请人占据主导地位,我国的海信在领域内也有一定的实力。

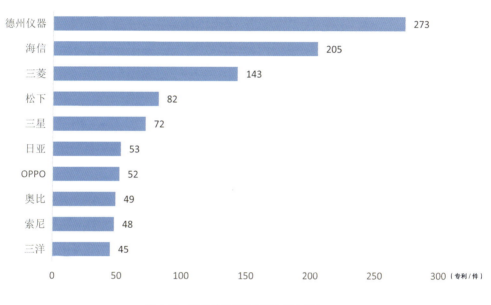

图4.21 激光显示芯片全球主要申请人

4.4.4.3 激光显示屏幕全球主要申请人

如图4.22所示,在激光显示屏幕领域,来自日本的松下表现最为突出,以185件的申请量排名第一。来自中国的海信以159件的申请量紧随其后。索尼和三星的申请量都是140件,并列第三。LG排名第五。日本的精工爱普生、三菱、船井电机、东芝,中国的长虹和美国的溥美也有一定的申请量。

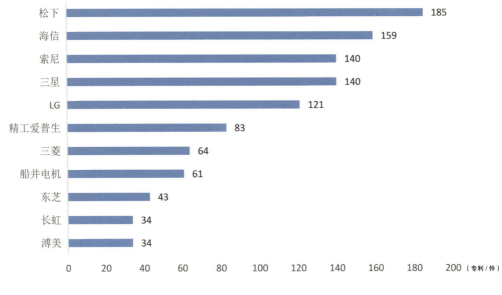

图 4.22　激光显示屏幕全球主要申请人

4.4.4.4　散斑抑制全球主要申请人

如图 4.23 所示，在激光显示散斑抑制领域，日本申请人的优势较大，排名前三的均来自日本，分别是三菱、松下和索尼。中国的海信和美国的康宁排名第四至五位。第六至十位的申请人中除三星外其余全部是日本申请人。整体来说，日本申请人在该领域内的集群优势非常明显。

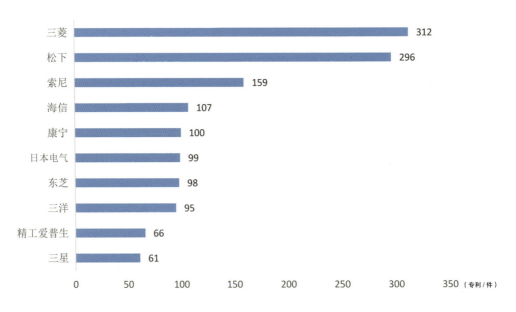

图 4.23　激光显示散斑抑制全球主要申请人

4.5 世界知识产权组织 PCT 申请情况

4.5.1 世界知识产权组织 PCT 总体申请趋势

如图 4.24 所示,激光显示领域内的世界知识产权组织 PCT 申请共计 1 109 件,始于 20 世纪 80 年代初,1992 年以前仅有零星的申请量。1992 年以后,申请量进入快速曲折上涨的阶段,并于 2008 年达到第一波申请高峰。随后的 5 年里申请量呈现出曲折下滑的趋势。2014 年开始,申请量重新恢复增长的势头,2018 年的申请量突破了前高,目前公开的有 100 件。

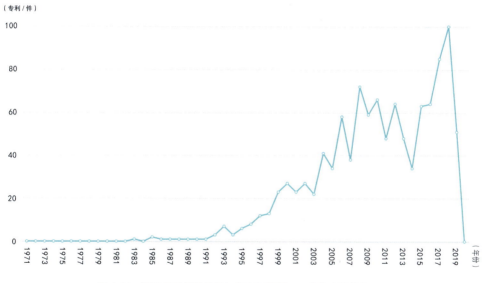

图 4.24 激光显示领域世界知识产权组织 PCT 总体申请趋势

如图 4.25 所示,激光显示领域内的世界知识产权组织 PCT 申请在 2016 年以前一直由美国申请人所主导,其申请量大幅领先于其他国家的申请人。日本申请人在 2008 年的表现较为突出,但总体上难以与美国抗衡。来自中国申请人的世界知识产权组织 PCT 申请量从 2014 年进入高速增长的阶段,并于 2016 年超越美国,此后不断拉开与美国的差距。

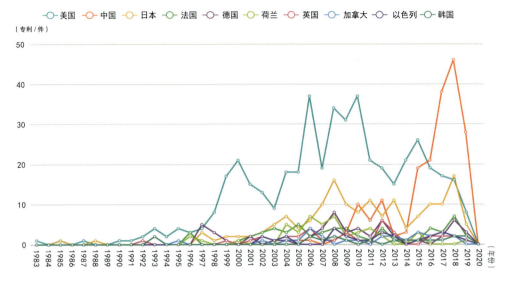

图 4.25　激光显示领域根据申请人国别划分的全球世界知识产权组织 PCT 申请趋势

如图 4.26 所示，来自美国申请人的世界知识产权组织 PCT 数量最多，占比高达 42.59%，申请量远远高于其他国家。排名第二、三位的分别为中国和日本，世界知识产权组织 PCT 申请量较为接近，占比分别为 17.57% 和 15.00%。再其次为法国、德国等欧洲国家。可见美国申请人较擅于利用各种专利申请制度，以达到良好的全球布局效果，而日本申请人虽然海外专利布局量排名居全球首位，但并不太热衷于采用世界知识产权组织 PCT 的形式进行申请。国内目前专利制度以及知识产权保护意识仍处于不断发展的阶段，在激光显示领域的海外专利布局量有限，但世界知识产权组织 PCT 申请量也在全球占据了一席之地，说明中国申请人在海外专利布局方面的意识越来越强。

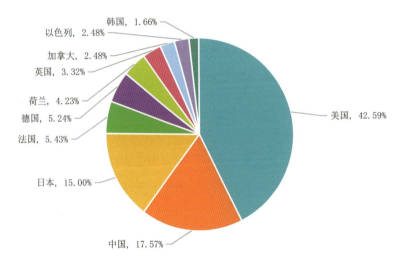

图 4.26　激光显示领域世界知识产权组织 PCT 申请来源国分布图

4.5.2 各技术分支世界知识产权组织 PCT 申请情况

如图 4.27 所示,激光显示领域内世界知识产权组织 PCT 申请数量最多的技术分支为光源领域,申请量达到了 710 件。显示屏幕、散斑抑制和显示芯片领域的世界知识产权组织 PCT 申请量相差不大,分别为 216 件、213 件和 189 件。

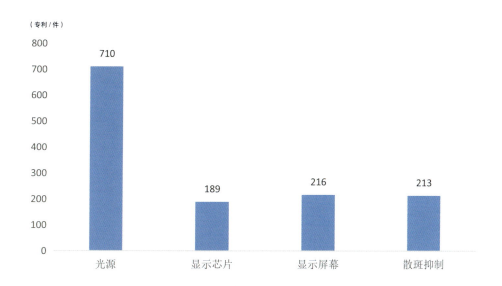

图 4.27 激光显示领域世界知识产权组织 PCT 各技术分支数量

如图 4.28 所示,激光显示各领域的世界知识产权组织 PCT 申请趋势较为接近。光源领域的快速增长始于 1997 年,其余三个领域的快速增长始于 2005 年。各领域均在 2008 年左右达到第一波申请高点,随后申请量逐步下滑。2015 年以后,申请量开始回升,各领域 2018 年的申请量均已突破或接近 2008 年的高点。

如图 4.29 所示,在各技术分支的世界知识产权组织 PCT 申请来源国中,美国申请人在各领域均占有较大的优势,世界知识产权组织 PCT 申请量大幅领先。中国申请人在各领域均排名第二。日本申请人在光源、显示屏幕和散斑抑制方面也有一定的申请量。

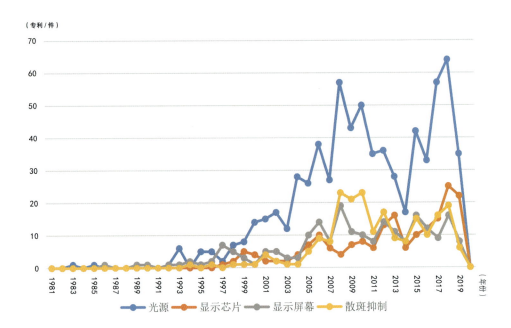

图 4.28　激光显示领域世界知识产权组织 PCT 各技术分支申请趋势

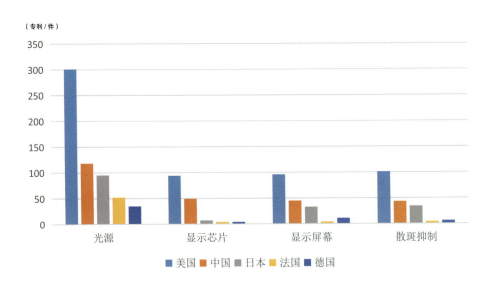

图 4.29　激光显示领域世界知识产权组织 PCT 各技术分支申请来源国

如图 4.30 所示，目前来看，来自日本的三菱在激光显示领域内的世界知识产权组织 PCT 申请量最多，有 57 件。来自美国的康宁以 5 件之差排名第二。中国的光峰排名第三，申请量为 50 件，其专利申请总量虽然在全球排不到前十，但世界知识产权组织 PCT 申请量众多，说明光峰非常重视海外市场。松下、飞利浦和海信排名第四至六位。日亚、微视、索尼、讯宝排名第七至十位。整体而言，在激光显示领域，美国、中国和日本申请人在世界知识产权组织 PCT 申请中的表现较为突出。

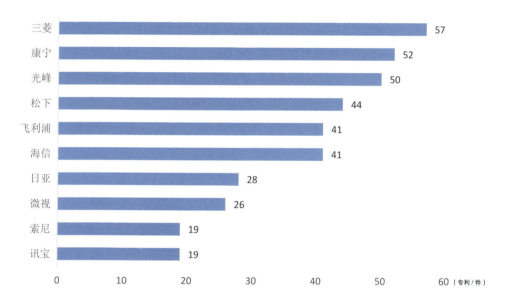

图 4.30　激光显示领域世界知识产权组织 PCT 主要申请人

4.6 核心专利申请情况

4.6.1 核心专利公开国（地区）及组织情况

截至2020年5月8日，全球在激光显示领域的核心专利有1 250件（以打分排名选取各领域排名前10%的专利）。具体分布情况如图4.31所示，其中中国专利约占52%，排名第一。美国专利以约35%的占比排名第二。排名第三的日本专利仅占比约4%。整体来看，领域内的核心专利主要分布在中国和美国。

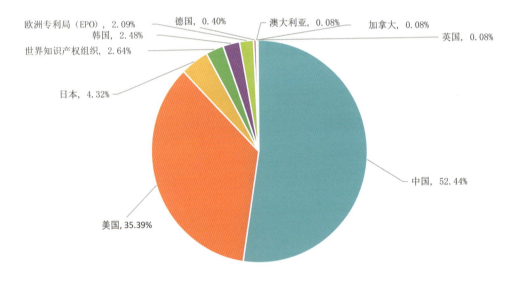

图4.31　激光显示领域核心专利全球公开国别（地区）及组织分布

4.6.2 核心专利申请国（地区）情况

如图4.32所示，从激光显示领域核心专利的申请人国别来看，日本申请人的核心专利数量占有一定的优势，占比约38%。排名第二的为美国申请人，所占比例约27%。中国申请人排名第三，占比接近20%。整体来看，领域内的核心专利由日本、美国和中国申请人主导。

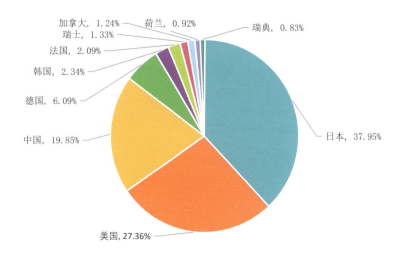

图 4.32 激光显示领域核心专利全球申请人国别（地区）分布

4.6.3 核心专利技术分布情况

如图 4.33 所示，在激光显示的各个细分领域，在中国布局的核心专利数量均最多，美国专利数量排名第二，日本专利数量排名第三。其中，在显示芯片领域，中国和美国的专利数量差距很小。

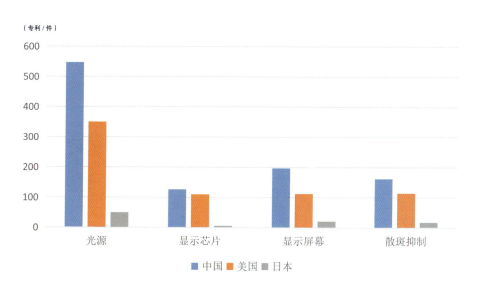

图 4.33 激光显示领域核心专利各技术分支全球专利公开国别分布

如图 4.34 所示，在光源、显示屏幕和散斑抑制领域，日本申请人的核心专利数量均排名第一，且数量上大幅领先于美国申请人和中国申请人。在显示芯片领域，美国申请人的核心专利数量占优，中国申请人则排名第二。中国申请人在光源、显示屏幕和散斑抑制领域与排名榜首的日本申请人差距较大。

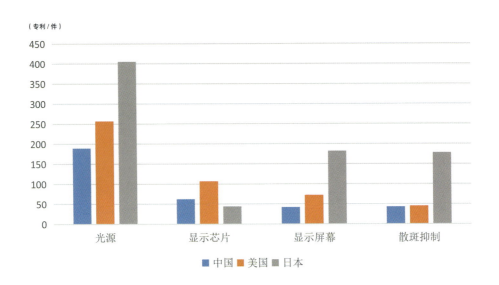

图 4.34　激光显示领域核心专利各技术分支全球专利申请人国别分布

4.6.4　核心专利主要申请人分布情况

4.6.4.1　激光显示整体核心专利主要申请人排名

如图 4.35 所示，按照核心专利申请量排名，日本申请人在激光显示领域内占据着绝对优势。松下、日亚、三菱、索尼和精工爱普生排名前五，其中松下的 167 件申请量遥遥领先于其他申请人。中国海信和光峰分别排名第六和第八，也有一定的实力。其他入围前十的申请人还有柯达、微视和德州仪器。

4.6.4.2　激光显示光源核心专利主要申请人排名

如图 4.36 所示，在光源领域，日本申请人在核心专利数量上占据绝对优势，排名前五的均为日本申请人，分别为松下、日亚、索尼、三菱和精工爱普生。

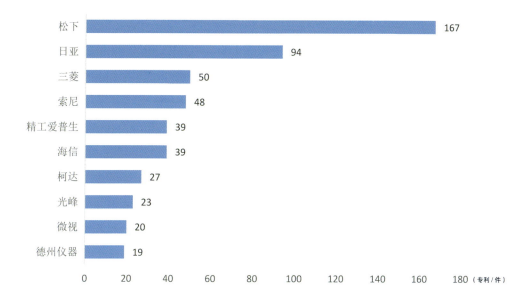

图 4.35 激光显示核心专利主要申请人

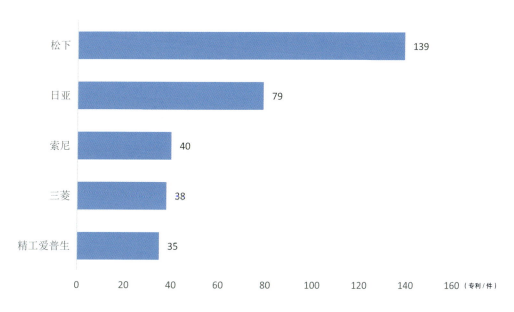

图 4.36 激光显示光源核心专利主要申请人

4.6.4.3　激光显示芯片核心专利主要申请人排名

如图 4.37 所示,在激光显示芯片领域,来自美国的德州仪器以 16 件的申请量排名第一,中国的海信排名第二,日本的三菱、松下和韩国的三星排名第三至第五位。

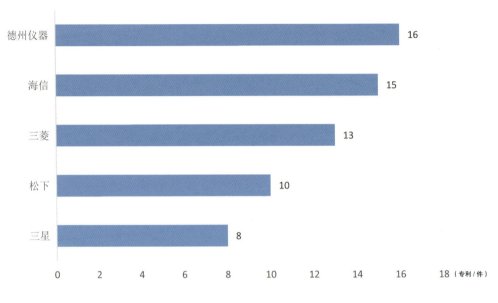

图 4.37　激光显示芯片核心专利主要申请人

4.6.4.4　激光显示屏幕核心专利主要申请人排名

如图 4.38 所示,在激光显示屏幕领域,来自日本的松下以 65 件的申请量独占鳌头,精工爱普生排名第二。来自美国的溥美排名第三,申请量为 14 件。船井电机和海信排名第四至第五位。总体来说,日本申请人占有较大的优势。

4.6.4.5　激光显示散斑抑制核心专利申请人排名

如图 4.39 所示,在散斑抑制领域,松下的核心专利申请量最多,达到了 65 件,排名第一。精工爱普生以 17 件的申请量排名第二,索尼则紧随其后,申请量为 14 件。光峰和柯达均以 12 件的申请量并列第五。

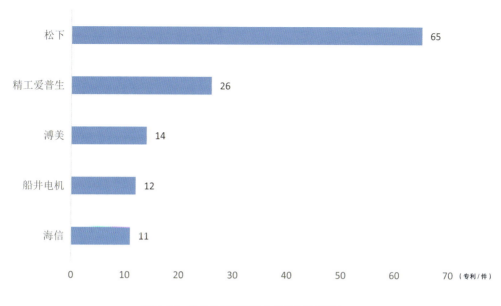

图 4.38　激光显示屏幕核心专利主要申请人

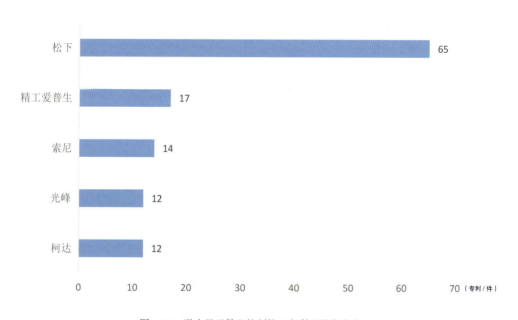

图 4.39　激光显示散斑抑制核心专利主要申请人

4.7 总结

1. 激光显示领域技术目前处于高速发展期

激光显示技术于 20 世纪 80 年代开始逐步发展，专利申请量在波动中不断上升，目前处于高速发展阶段。日本和美国在激光显示领域的研发及专利布局进行得较早，特别是日本，在 2006 年之前，是全球最大的技术研发国。国内激光显示技术较全球发展较为滞后，2000 年之后开始逐步发展，2010 年之后开始飞速发展，目前已成为全球最重要的专利布局国以及技术研发国。

2. 领域内中国是全球最大的专利布局国，其次为日本和美国

激光显示领域，目前中国的专利申请量最多，位居全球首位，其次为日本和美国，这三个国家为全球激光显示最重要的市场。韩国和德国也有一定的公开量。中国在近 10 年间在激光显示领域发展迅速，2008 年之后，在中国申请的年专利量居于世界榜首。除了中国，日本和美国也是全球激光显示的重要市场及重点研发国。在日本的专利申请时间较早，在 20 世纪 80 年代到 90 年代间有一个小高峰，随后有所下降，但总体趋势平稳。在美国的专利申请量自 20 世纪 80 年代以后逐步增长，发展也较为平稳。

3. 日本为全球最大的激光显示技术来源国，国内专利主要来源于广东和山东

以申请人国别来代表研发实力的话，日本的研发实力最强，中国次之，美国排第三。中国目前不仅已成为全球重要的激光显示市场，国内在激光显示领域的研发实力也不断增强，研发热情高涨，国内研发主体的年专利申请量目前已位于全球榜首。国内的研发主体主要集中在广东和山东，二者的专利申请量排名名列前茅，远超全国其他区域。

4. 领域内日本申请人在海外布局专利的意识较强

日本申请人除了布局大量本国专利外，在中国和美国也布局了大量的海外专利，而中国申请人的专利则主要布局在国内，美国申请人则较重视中国专利的布局以及世界知识产权组织 PCT 专利的布局。

5. 激光显示技术领域，光源方面的专利申请量最多，显示芯片最少

与光源有关的技术分支专利申请量最多，申请量遥遥领先。其次分别为显示屏幕、散斑抑制、显示芯片领域，三者申请量相差不大。各领域的专利申请总体趋势十分类似，均在 2009 年左右达到第一波研发高峰，随后小幅回落，在 2015 年左右重新进入上升通道并创出新高。各技术分支布局情况与整体的布局情况一致，主要公开国为中国、韩国、日本和美国。从技术分支的申请人国别排行来看，日本申请人在光源和散斑抑制领域占据着一定的优势；中国申请人在显示芯片和显示屏幕领域占优，其中显示芯片领域的优势较为明显。

6. 领域内全球的重点申请人大多为日本的跨国企业

激光显示领域内，全球领先的专利申请主体大部分为日本的大型跨国企业，如三菱、日亚、松下、东芝、索尼、日本电气、三洋等，企业体量大，专利申请量远超其他国家的申请人。国内在该领域专利申请量较多的主要有海信等。另外，布局在中国的很大一部分专利也源于这些大型日本跨国企业，因此，国内企业以及研发机构除了需关注本土竞争对手外，还需特别注意来自海外，特别是日本的企业和研发机构。

7. 领域内世界知识产权组织 PCT 专利主要集中在光源方面，来自美国和中国的申请量最高

激光显示领域内，来自美国申请人的世界知识产权组织 PCT 数量最多，占比高达 42.59%。之后为中国和日本，世界知识产权组织 PCT 申请量较为接近，占比分别为 17.57% 和 15.00%。领域内的世界知识产权组织 PCT 申请在 2016 年以前一直由美国申请人所主导，其申请量大幅领先于其他国家的申请人。来自中国申请人的世界知识产权组织 PCT 申请量从 2014 年进入高速增长的阶段，并于 2016 年超越美国，此后不断拉开与美国的差距。从细分技术方面来看，美国申请人在各领域均占有较大的优势，世界知识产权组织 PCT 申请量大幅领先，中国申请人在各领域均排名第二。从申请人方面来看，日本的三菱在领域内的世界知识产权组织 PCT 申请量最多，其次为美国的康宁和中国光峰。

8. 中国公开的核心专利最多，核心专利量最多的申请人为日本的松下

领域内在中国公开的核心专利数量最多，其次为美国。核心专利申请来源国方面，日本申请人的核心专利数量最多，其次为美国申请人，中国申请人排名第三。

在激光显示的各个细分领域，在中国布局的核心专利数量均最多，美国专利其次，日本专利数量排名第三。其中，在显示芯片领域，中国和美国的专利数量差距很小。

在光源、显示屏幕和散斑抑制领域，日本申请人的核心专利数量均排名第一，且数量上大幅领先。在显示芯片领域，美国申请人的核心专利数量占优，中国申请人则排名第二。中国申请人在光源、显示屏幕和散斑抑制领域与排名榜首的日本申请人差距较大。

按照核心专利申请量排名，日本申请人在领域内占据着绝对优势。松下、日亚、三菱、索尼和精工爱普生排名前五，中国申请人则有海信和光峰入围。

在光源领域，日本申请人在核心专利数量上占据绝对优势，排名前五的均为日本申请人。在激光显示芯片领域，美国的德州仪器排名第一，中国的海信排名第二，日本的三菱和松下则排名第三和第四位。在激光显示屏幕领域，松下的申请量独占鳌头，精工爱普生排名第二，美国的溥美排名第三。在散斑抑制领域，松下、精工爱普生、索尼分列前三。

第五章 Micro LED 显示技术知识产权研究分析

5.1 发展趋势

5.1.1 全球专利总体申请趋势

截至 2020 年 5 月 11 日，全球 Micro LED 领域的专利申请量为 3 538 件。图 5.1 显示了全球专利的申请趋势，Micro LED 技术兴起于 2000 年前后，经历了约 14 年的缓慢发展期，到 2014 年之后开始大力发展，特别是 2016 年之后，全球专利申请量有了飞速发展。从整体的发展趋势来看，Micro LED 技术正处于高速发展阶段，属于目前全球研发的热点技术。

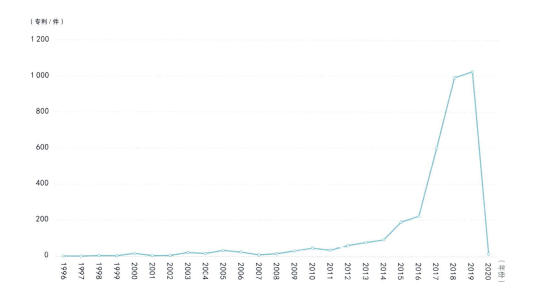

图 5.1 Micro LED 领域全球专利申请趋势

数据检索截止时间 2020 年 5 月 11 日为专利公开（公告）日，由于 2017 年之后的专利申请数据尚未完全公开，因此，之后的专利申请数据不作为参考。

5.1.2 主要国家（地区）及组织专利申请趋势

图5.2显示了Micro LED领域主要国家（地区）及组织专利申请趋势，其中，中国作为领域内全球重点市场的趋势越来越明显，到2016年之后，大量专利申请集中在中国。而美国自该技术产生以来，一直是全球专利的重点布局目标国，只是在近几年被中国赶超。除了中美外，韩国也是领域内专利布局的重点国家。

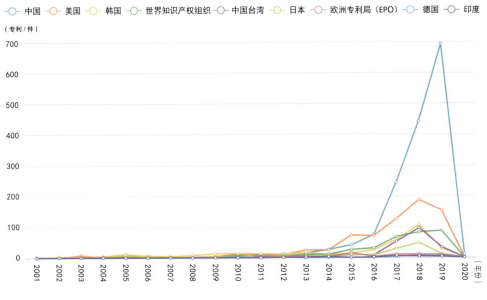

图5.2 Micro LED领域主要国家（地区）及组织专利申请趋势

5.1.3 主要国家及地区申请人专利申请趋势

图5.3显示了Micro LED领域主要国家及地区申请人专利申请趋势，可以看出美国申请人在该领域的研发最早，中国申请人虽然起步略晚，但发展速度非常快，尤其在2014年之后。韩国申请人在2016年以后的申请量也上升较快。另外，随着时间的推移，各国在该技术领域的研发投入以及专利布局量均有上升的趋势，说明Micro LED目前属于显示领域发展前景非常广阔的领域。

5.1.4 国内专利申请趋势

从国内专利申请趋势来看（如图5.4所示），山东在2015年的申请量最多，但随后广东和北京开始发力，专利申请量快速增长，大幅领先于其他省市，排名全国前两名。近两年来，江苏、台湾和山东等地的申请量也有一定量的增长。

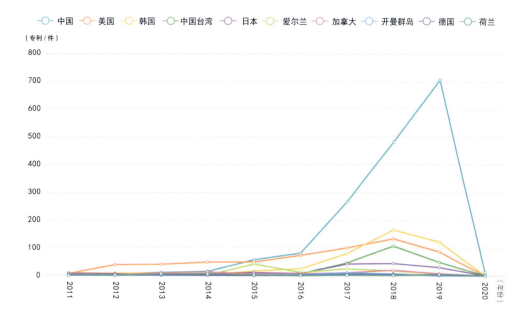

图5.3 Micro LED 领域主要国家及地区申请人专利申请趋势

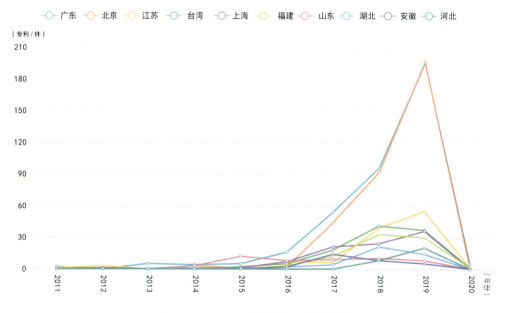

图5.4 Micro LED 领域国内专利申请趋势

5.2 专利区域分布

5.2.1 主要国家（地区）及组织专利申请量、专利来源国（地区）排名

图 5.5 所示为 Micro LED 领域主要国家（地区）及组织专利申请量排名，目前领域内布局在中国的专利量是最多的，其次为美国和韩国，另外，中国台湾和日本也是重要的专利布局区域。之所以会形成这样的排名，一方面与这些区域的市场规模以及潜在的市场空间息息相关，另一方面也反映了这些区域在 Micro LED 领域的产业链布局以及研发实力。另外，在该技术领域的世界知识产权组织 PCT 专利（向 WIPO 申请的专利）量也不少，结合前文信息，说明该技术目前处于新兴及高速发展阶段，未来哪些细分技术属于重点技术、关键技术、产品应用所高度依赖的技术目前尚不清晰，因此各国申请人均提早将自己的核心技术或关键技术申请世界知识产权组织 PCT 专利，以方便日后在多国多区域布局，以抢占全球有利市场。

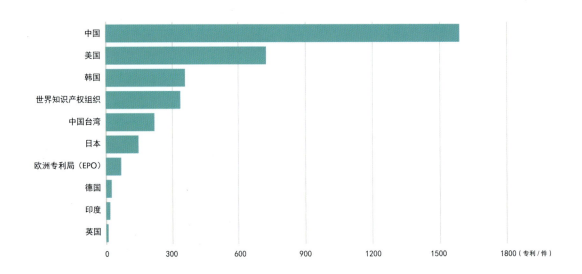

图 5.5 Micro LED 领域主要国家（地区）及组织专利申请量

而在申请人国别（地区）排名方面（如图 5.6 所示），中国申请人在 Micro LED 领域的专利申请量远远高于其他国家（地区）的申请人，其次为美国、韩国、中国台湾及日本，可知中国大陆对于该技术的研发及专利保护的重视程度较高。另外，爱尔兰、加拿大、德国、英国、荷兰等国家在该领域的研发实力也较强，同样需要加以关注。

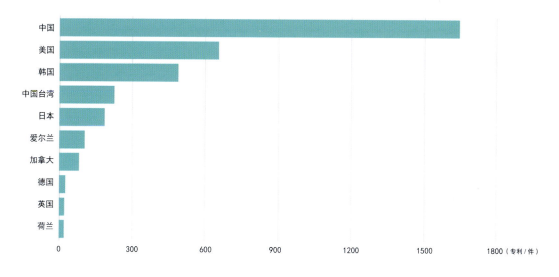

图 5.6　Micro LED 领域主要申请人国别（地区）

5.2.2　全球专利布局情况

图 5.7 反映了领域内主要国家（地区）及组织的专利布局策略，其中横轴为专利申请人国别（地区），纵轴为专利公开国国别（地区）及组织。可知各重点国家的专利主要布局在本国。除此之外，中国台湾的申请人将一半左右的专利布局在美国，这主要基于美国严格的知识产权保护制度，产品及技术进入美国，势必要知识产权先行。

根据图 5.7，中国的专利申请主要来自国内申请人及美国、韩国申请人，而中国台湾的申请人则并未在中国大陆布局 Micro LED 领域的专利。中国申请人除了本国外，将专利主要布局在美国、WIPO，目前在韩国、日本等布局的专利量较少，说明国内申请人目前主要瞄准的是国内市场，在海外，则主要通过世界知识产权组织 PCT 专利伺机进入未来潜在的目标国，专利的地域状态基本处于待定状态。

相较而言，美国和韩国申请人的专利布局已经趋于成熟，已在全球各主要目标区域布局了一定量的专利。

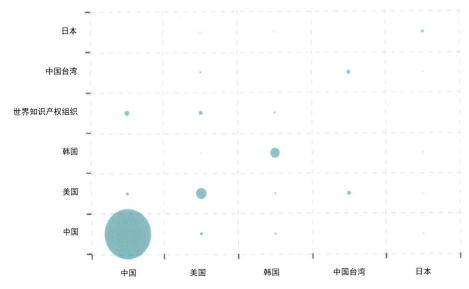

图 5.7　Micro LED 领域主要国家（地区）及组织申请人全球专利布局情况

5.2.3　中国专利申请情况

图 5.8 显示了国内在 Micro LED 领域的专利申请情况，可知国内的技术研发及产业分布主要集中在广东以及北京两大区域，专利申请量远远高于其他区域。国内其他区域在该领域的研发均稍显薄弱，稍强一些的区域还有江苏、台湾以及上海、福建，但与广东和北京的差距仍然较大。

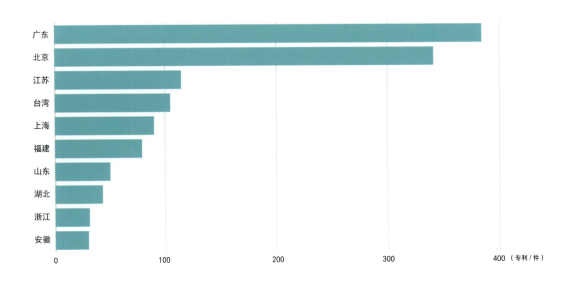

图 5.8　Micro LED 领域中国主要省市申请量

5.3 专利技术结构分析

5.3.1 专利技术结构

Micro LED 领域有较多的技术分支，其中面板、巨量转移、驱动、彩色和检修维护是申请量比较大的技术分支。因此，在专利技术结构分析中，选取以上 5 个技术分支进行分析。

图 5.9 显示了全球 Micro LED 领域各技术分支的专利申请数量，其中，面板技术的申请量最多，达到了 1 119 件。其次为驱动技术，也有 598 件的申请量。巨量转移技术以 437 件的申请量排名第三。彩色技术和检修维护技术的申请量较少，仅有 159 件和 190 件。

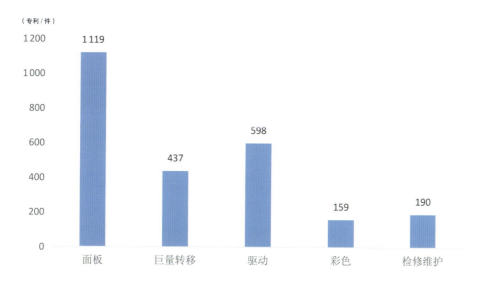

图 5.9 全球 Micro LED 领域各技术分支专利申请量

5.3.2 各技术分支专利申请趋势

图 5.10 显示了 Micro LED 领域内主要技术分支的专利申请趋势，可知在该领域内，大部分专利布局于 2014 年后，高速发展于 2016 年后。其中，面板技术的专利申请量在 2016 年之后有了飞速发展，这主要由于国内申请人在该领域投入了大量研发资源，并开始注重专利申请。巨量转移的发展主要在 2014 年之后，相对比较平稳。近年来，驱动技术的发展也较快，年申请量已经超过了巨量转移领域。而彩色技术和检修维护技术长期以来相对稳定，随着技术的整体发展创新，在 2016 年之后专利申请量也有所增长。整体来看，领域内未来专利申请的发展方向将集中于面板技术和驱动技术，短期内将呈现出快速增长的态势。

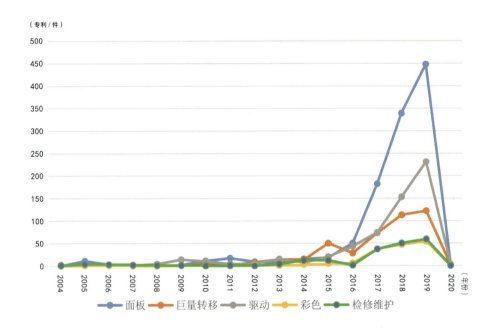

图 5.10　全球 Micro LED 领域各技术分支专利申请趋势

5.3.3 各技术分支全球专利布局情况

图 5.11 为 Micro LED 领域技术分支在全球主要区域专利布局情况。如图所示，在中国公开的专利数量在各领域都占据着较大的优势，其中面板技术领域优势最为明显。美国专利数量在各领域均排名第二，说明领域内的申请人也较为重视美国市场。中国台湾在面板技术领域也有一定的申请量，韩国在驱动领域也有一定的数量。

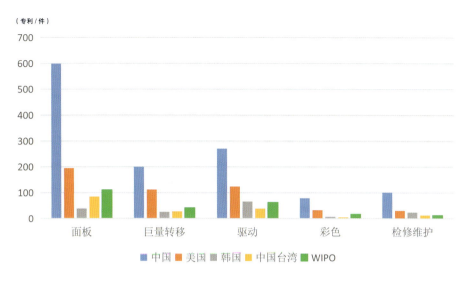

图 5.11　全球 Micro LED 领域技术分支在主要区域专利布局情况

从 Micro LED 领域技术分支的申请人国别（地区）数量来看（如图 5.12 所示），中国申请人在各领域均占有较大的优势。其中，面板技术、驱动技术领域的数量优势非常明显。美国申请人和日本申请人在面板领域也有一定的申请量。在巨量转移领域，爱尔兰申请人和美国申请人排名第二、三位。在驱动领域，韩国、美国和中国台湾申请人也有一定数量的申请。在彩色、检修维护技术领域美国申请人的表现相对突出。

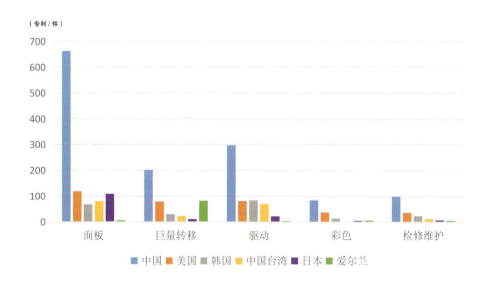

图 5.12　全球 Micro LED 领域技术分支申请人国别（地区）申请数量

第五章　Micro LED 显示技术知识产权研究分析　149

5.3.4 各技术分支国内申请情况

图 5.13 显示了 Micro LED 领域各技术分支的国内主要省市分布情况，可以看到，Micro LED 领域的专利申请大省（区域）主要为广东、北京、江苏、台湾和上海。广东省在巨量转移、彩色和检修维护领域均排名第一。北京则在面板、驱动领域均全国居首。江苏则在面板和巨量转移领域有一定量的申请。台湾在驱动领域与排名第二的广东相差不大。上海则在面板技术领域排名第三。

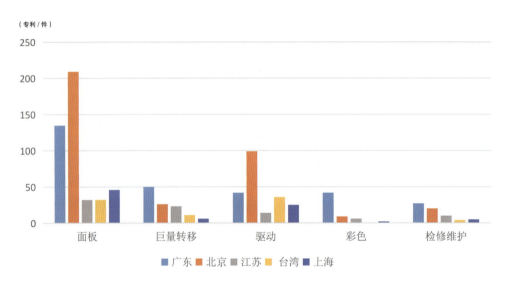

图 5.13 Micro LED 领域国内专利技术分支主要省市分布

5.3.5 各技术分支国内专利有效性

由于各技术分支在整个产业领域的研发难度以及重要性不同，其国内专利的有效性也不同，如图5.14所示，可以看到，Micro LED各细分领域均是审中占比最高，都超过了三分之二，驱动和面板领域的审中占比接近82%。从有效占比来看，检修维护和巨量转移领域的占比最高，分别为28.7%和27.5%。驱动领域的专利有效性最低，仅有14.4%。各领域的失效专利占比都较低，最高的彩色领域也仅有6.3%的专利处于失效状态。

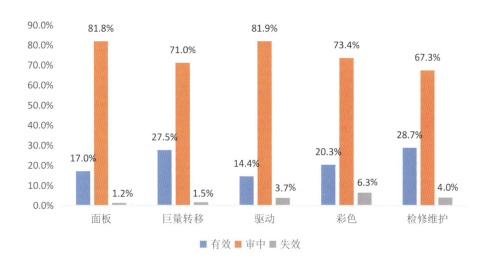

图5.14 Micro LED领域各技术分支国内专利有效性

5.4 专利申请人分析

5.4.1 全球专利主要申请人

对 Micro LED 领域申请人的专利申请量进行统计排序，得到的结果如图 5.15 所示，可以看到，京东方公司的专利数量排名领先，此外，国内的华星光电、歌尔、天马等在 Micro LED 领域的研发实力也不可小觑。排名第三的为爱尔兰的 X-Celeprint 公司，[1] 其专注于 Micro LED 领域的微转印技术，属于该领域的重点申请人。韩国的 LG、Point Engineering 和 Lumens 专利申请量分别排名第四至第六。Luxvue 也是 Micro LED 领域的重点企业，该公司在领域内产出了较多的研发成果，苹果（Apple）公司于 2014 年收购了该公司，且苹果公司自身在 Micro LED 领域也投入了不少研发精力，可见苹果公司高度重视 Micro LED 领域的技术。

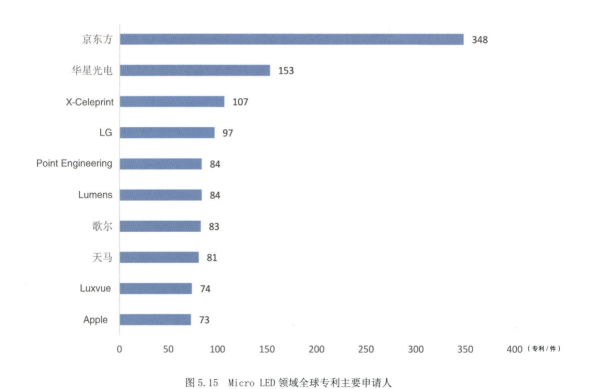

图 5.15 Micro LED 领域全球专利主要申请人

---

[1] X-Celeprint 公司为总部在爱尔兰、同时在美国拥有研发机构的科技公司，专利统计时认定为爱尔兰的公司。

5.4.2 中国专利主要申请人

Micro LED 领域内中国专利主要申请人排名前十如图 5.16 所示。京东方以 282 件的申请量排名第一；华星光电排名第二，也有着 100 件的申请量；天马排名第三，申请量为 66 件。来自中国台湾的友达光电排名第四，申请量为 38 件。申请量超过 30 件的还有歌尔。排名第六至第十位的分别是国显光电、惠科、南方科技大学、思坦科技和云谷科技，其申请量均在 20 件以上。

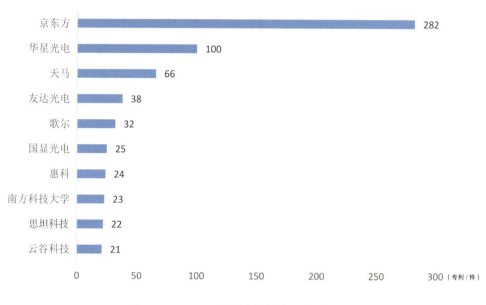

图 5.16　Micro LED 领域中国专利主要申请人

5.4.3 中国专利中国申请人与国外申请人宏观分析

如图 5.17 和图 5.18 所示，从申请趋势上看，国外申请人的专利申请数量虽然总量不多，但是起步较早，2003 年开始就有相关的专利布局。2008 年之后进入波段上涨的阶段，2016 年开始申请量的增长速度明显加快。国内申请人的专利申请起步于 2010 年左右，经过 5 年左右的技术萌芽期，2016 年开始进入快速增长的阶段，年申请量从 2016 年的 59 件迅速攀升至 2019 年的 649 件（尽管 2019 年的数据还未完全公开），可以说目前国内申请人在该领域内的专利申请呈现出爆发态势。

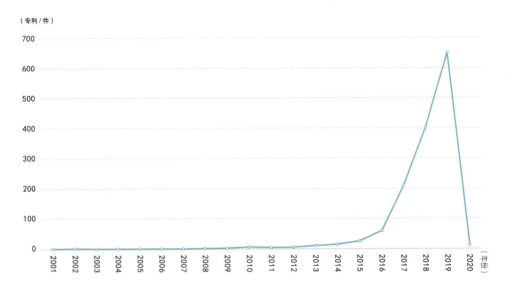

图 5.17 中国专利中国申请人申请趋势

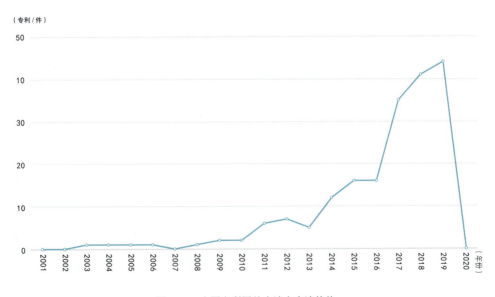

图 5.18 中国专利国外申请人申请趋势

如图 5.19 所示，对比中国专利国内外申请人的法律状态可以发现，国内外申请人的各项状态百分比都较为近似。有效占比方面，国内申请人稍占优势，领先国外申请人不到 2 个百分点。审中状态则是几乎持平，国内申请人高出国外申请人 0.6 个百分点。从失效比例来看，国外申请人高于国内申请人约 2 个百分点。

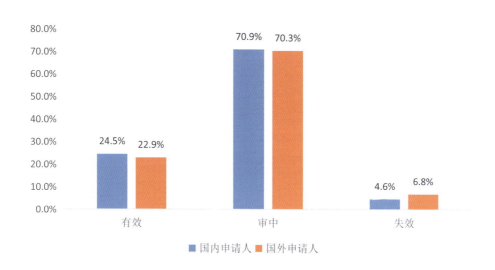

图 5.19　中国专利国内外申请人法律状态对比

5.4.4　各技术分支全球主要申请人

5.4.4.1　Micro LED 面板全球主要申请人

如图 5.20 所示，在面板技术领域，来自中国的京东方以 261 件的申请量大幅领先其他申请人；华星光电以 102 件的数量排名第二；天马排名第三，其申请量为 69 件。来自中国台湾的友达光电和鸿海排名第四至五位。排名前十的国外申请人有 Vuereal、Apple 和三星等公司。整体来说，中国申请人在面板技术领域内占有一定的优势。

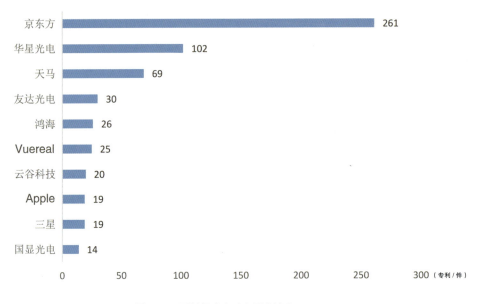

图 5.20　面板技术全球主要申请人

5.4.4.2　巨量转移技术全球主要申请人

如图 5.21 所示，在巨量转移技术领域，爱尔兰的 X-Celeprint 公司占据着绝对的优势，其 90 件的专利申请量远远领先于其他申请人。排名第二的是美国的 Luxvue，申请量为 28 件。中国的京东方以 22 件的申请量排名第三，广东工业大学排名第四。LG 和 Apple 则排名第五至六位。领域内其余的主要申请人均来自中国，分别是华星光电、天马、华中科技大学、友达光电和中电熊猫。整体来说，爱尔兰的 X-Celeprint 处于一枝独秀的地位，中国在入围前十的申请人数量上占有优势。

5.4.4.3　驱动技术全球主要申请人

如图 5.22 所示，在驱动技术领域，中国的京东方以 125 件的申请量遥遥领先于其他申请人，优势巨大。友达光电和 Apple 分列第二、三位，申请量分别为 37 件和 33 件。天马、三星和 LG 的申请量均接近 30 件。排名第七至十位的申请人分别是群创光电、华星光电、惠科和英特尔。

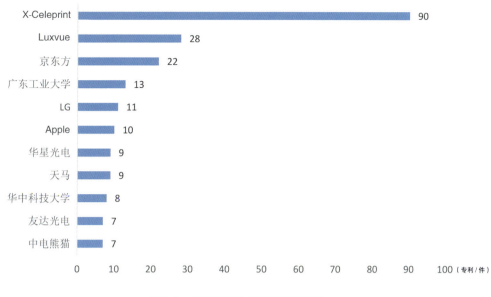

图 5.21　巨量转移技术全球主要申请人

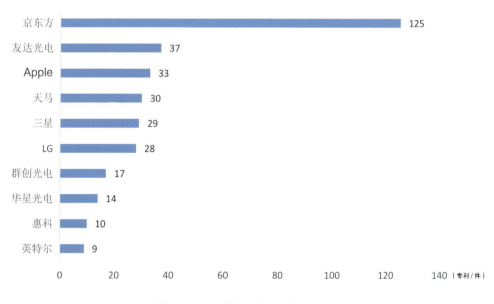

图 5.22　驱动技术全球主要申请人

5.4.4.4　色彩技术全球主要申请人

如图 5.23 所示，在色彩技术领域，来自中国的华星光电排名第一，申请量为 16 件。北大青鸟、福州大学和佛山市柔浩电子并列第二，申请量均为 7 件。并列第五的均为国外申请人，分别是 X-Celeprint、纳米系统和福特公司，申请量均为 6 件。排名八至十位的分别是科洛尼尔塑胶有限公司、北京工业大学和三星。

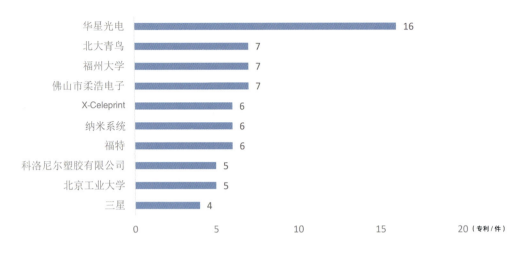

图 5.23　色彩技术全球主要申请人

5.4.4.5　检修维护技术全球主要申请人

如图 5.24 所示，在检修维护技术领域，来自中国的京东方和华星光电分列前两位，申请量分别为 14 件和 10 件。韩国光技术院和美国的洛克希德马丁排名第三、四位。启端光电和易美芯光并列第五，申请量均为 5 件。汇顶科技、Luxvue、三星和索尼的申请量均为 4 件。

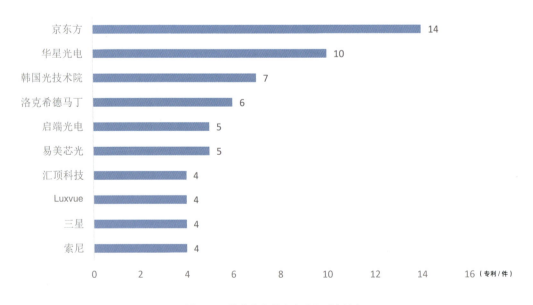

图 5.24　检修维护技术全球主要申请人

5.5 世界知识产权组织 PCT 申请情况

5.5.1 世界知识产权组织 PCT 总体申请趋势

如图 5.25 所示，Micro LED 领域内的世界知识产权组织 PCT 申请共计 337 件，相关申请始于 2003 年左右，在经历了将近 10 年的技术萌芽期后，世界知识产权组织 PCT 专利申请量从 2013 年开始进入了快速上涨的阶段。特别是 2017 年，其申请量相较以往有了非常明显的增长。整体来看，短期内领域内的世界知识产权组织 PCT 仍然将保持高速增长的态势。

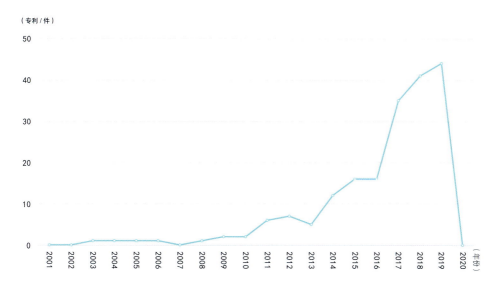

图 5.25 Micro LED 领域世界知识产权组织 PCT 总体申请趋势

如图 5.26 所示，Micro LED 领域内的世界知识产权组织 PCT 申请在 2014 年之前，占主导地位的一直是美国申请人。2015 年，来自中国的世界知识产权组织 PCT 申请量超越了美国，尽管在 2016 年申请量又被美国反超，2017 年开始中美两国的世界知识产权组织 PCT 申请量拉开了一定的距离，从数量上看中国申请人占据着一定的优势。2017 年以来，韩国申请人的世界知识产权组织 PCT 申请数量也迅速上升，值得关注。

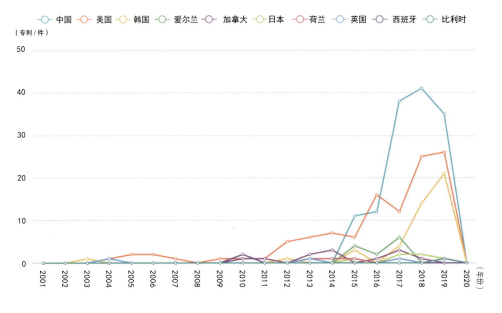

图 5.26 Micro LED 领域根据申请人国别划分的世界知识产权组织 PCT 申请趋势

如图 5.27 所示,中国申请人在 Micro LED 领域内的世界知识产权组织 PCT 申请已经跃居世界第一。来自美国的申请则排名第二,与中国的差距不算大。来自韩国申请人的世界知识产权组织 PCT 申请数量排名第三,也有一定的实力。爱尔兰、加拿大、日本等国也有一定的申请量。

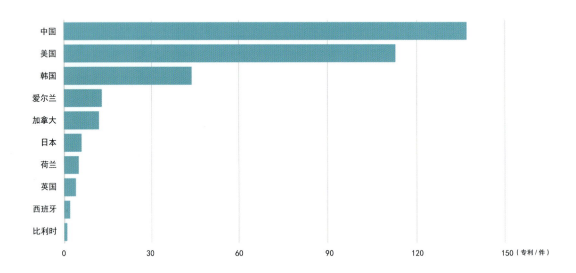

图 5.27 Micro LED 世界知识产权组织 PCT 申请人国别分布情况

5.5.2 各技术分支世界知识产权组织 PCT 申请情况

如图 5.28 所示，Micro LED 领域内世界知识产权组织 PCT 申请数量最多的技术分支为面板技术领域，世界知识产权组织 PCT 申请量有 111 件。驱动领域的世界知识产权组织 PCT 申请量也有 63 件，排名第二。巨量转移技术则有 42 件世界知识产权组织 PCT 申请，排名第三。彩色技术和检修维护技术领域的世界知识产权组织 PCT 专利申请量较少，仅有 17 件和 13 件。

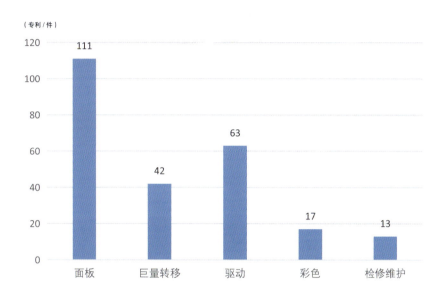

图 5.28　Micro LED 领域世界知识产权组织 PCT 申请各技术分支数量

如图 5.29 所示，Micro LED 领域内的世界知识产权组织 PCT 申请始于 2005 年。2012 年以后，巨量转移技术的世界知识产权组织 PCT 申请开始进入逐步上升的阶段，并于 2017 年达到高点，由于 2018 年以后的数据还未完全公开，所以暂不具备参考意义。面板技术和驱动技术从 2015 年开始进入快速上升的阶段，尤其是面板技术领域，在 2018 年和 2019 年的数据还未完全公开的情况下仍能保持上涨的态势，说明面板技术领域为 Micro LED 的研发热点方向。彩色技术和检修维护技术的申请量一直较少。

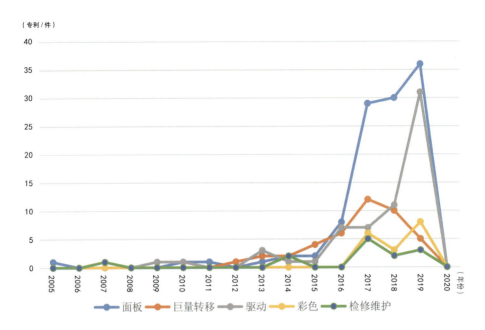

图 5.29　Micro LED 领域各技术分支世界知识产权组织 PCT 申请趋势

如图 5.30 所示，在各技术分支的世界知识产权组织 PCT 申请人国别中，中国申请人在面板技术、驱动技术领域占据着较大的优势，申请量大幅领先于其他国家的申请人，这两个领域美国申请人排名第二。在巨量转移技术、彩色技术和检修维护技术领域中，来自美国申请人的世界知识产权组织 PCT 申请量最多，中国申请人的数量与美国差距不大。在巨量转移技术领域中，爱尔兰的申请人也占有一席之地。

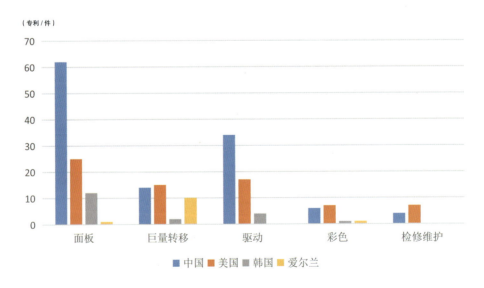

图 5.30　Micro LED 领域世界知识产权组织 PCT 各技术分支申请人国别

如图 5.31 所示，目前来看，中国申请人在世界知识产权组织 PCT 专利申请数量上占有一定的优势，排名前三的均为中国申请人，分别是京东方、华星光电和歌尔，申请量分别为 46、32 和 23 件。来自韩国的 Lumens 排名第四。之后为美国的 Luxvue 和 Apple。排名七至十位的分别是三星、X-Celeprint、康宁和 Facebook。总体来说，全球世界知识产权组织 PCT 主要申请人由中国、美国、韩国等国的申请人组成。

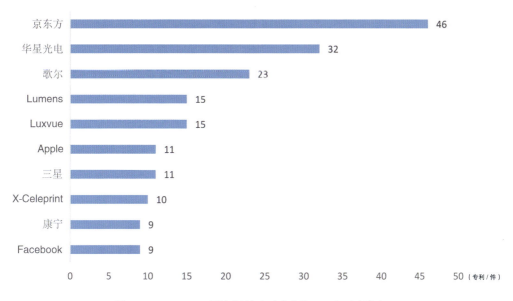

图 5.31 Micro LED 领域世界知识产权组织 PCT 主要申请人

5.6 核心专利申请情况

5.6.1 核心专利公开国（地区）及组织情况

截至 2020 年 4 月 20 日，全球在 Micro LED 领域的核心专利有 419 件（以打分排名选取各领域排名前 20% 的专利），如图 5.32 所示，在中国公开的核心专利所占比例约 45%，遥遥领先于其他公开区域。其次为在美国公开的核心专利数量，所占比例接近 36%。之后为韩国专利和日本专利，但是所占比例仅有约 8% 和 6%。总体来说，领域内核心专利的公开区域集中在中国和美国。

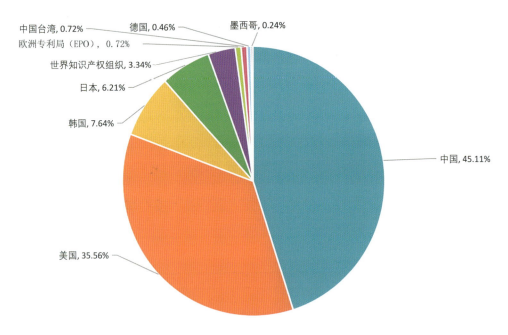

图 5.32 Micro LED 领域核心专利全球公开国别（地区）及组织分布

5.6.2 核心专利申请国（地区）情况

如图 5.33 所示，从 Micro LED 领域核心专利的申请人国别（地区）来看，来自中国申请人的核心专利数量最多，占比超过了 37%，说明领域内中国申请人的专利质量较高。排名第二的是美国申请人，其核心专利占比也有约 29%，与中国的差距不大。排名第三的为爱尔兰申请人，所占比例接近 11%。加拿大、日本和韩国分列第四至六位，所占比例均不超过 10%。整体来说，领域内的核心专利掌握在中国和美国申请人的手中，爱尔兰申请人也有一定的数量。

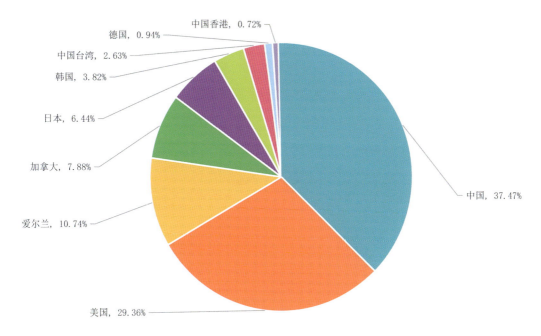

图 5.33 Micro LED 领域核心专利全球申请人国别（地区）分布

5.6.3 核心专利技术分布情况

如图 5.34 所示，在面板技术、驱动技术和彩色技术领域，在中国公开的核心专利数量最多，美国专利其次。而在巨量转移和检修维护领域，在美国公开的核心专利数量排名第一，中国专利排名第二，其中巨量转移的核心专利公开量中国和美国差距较大。

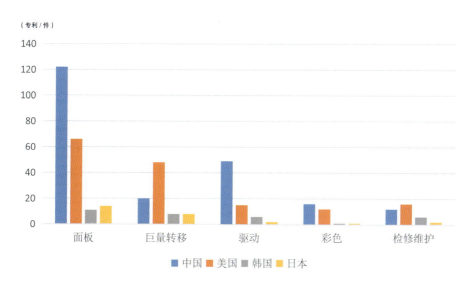

图 5.34 Micro LED 核心专利各技术分支全球专利公开国国别分布

如图 5.35 所示，从申请人国别分布上来说，中国申请人在面板技术、驱动技术、彩色技术领域占据着一定的优势，其中面板和驱动技术领域的优势较为明显，申请量是排名第二的美国申请人的两倍之多。在巨量转移领域，美国申请人的申请量居全球第一，中国和爱尔兰申请人排名随后。在检修维护技术领域美国申请人的核心专利申请量占优，中国申请人排名第二。

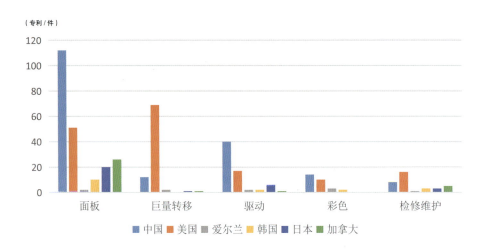

图 5.35　Micro LED 核心专利各技术分支全球专利申请人国别分布

5.6.4　核心专利主要申请人分布情况

5.6.4.1　Micro LED 整体核心专利主要申请人排名

如图 5.36 所示，按照核心专利申请量排名，来自爱尔兰的 X-Celeprint 以 49 件的核心专利申请量排名第一。中国的京东方排名第二，核心专利申请量为 42 件，与排名榜首的差距不大。来自中国的天马和华星光电排名第三、四位，申请量分别为 27 件和 26 件。申请量同为 26 件的还有 Luxvue。Apple 和索尼则以 16 件的申请量并列第六名。友达光电、Cree 和三星也有一定的申请量。总体来说，领域内的核心专利主要申请人来自中国、美国、爱尔兰和日本。

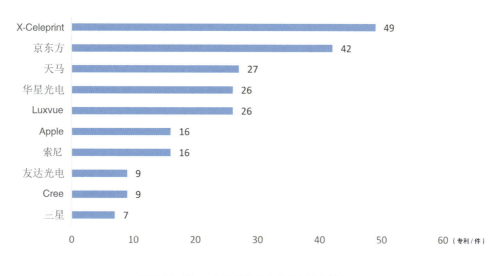

图 5.36　Micro LED 整体核心专利主要申请人

5.6.4.2　Micro LED 面板核心专利主要申请人排名

如图 5.37 所示，在面板技术领域，中国的申请人占据着明显的优势，京东方以 34 件的申请量排名第一，天马排名第二，申请量为 26 件，华星光电排名第三，核心专利申请量也有 23 件。日本的索尼和美国的 Apple 排名四至五位。

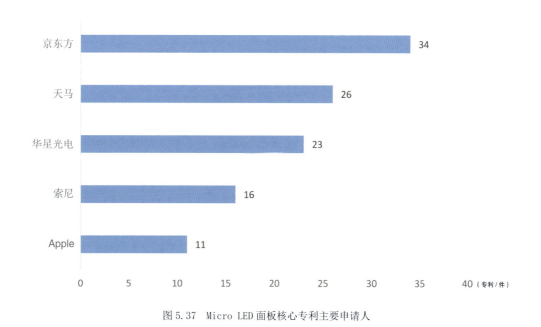

图 5.37　Micro LED 面板核心专利主要申请人

5.6.4.3 Micro LED 巨量转移核心专利主要申请人排名

如图 5.38 所示，在巨量转移技术领域，来自于爱尔兰的 X-Celeprint 以 45 件核心专利的申请量排名第一，其领先优势巨大。排名第二的为美国的 Luxvue，申请量也有 16 件。来自中国的华星光电、歌尔和友达光电排名第三至五位，但申请量与前两名相差巨大。总体来说，领域内的核心专利由爱尔兰和美国申请人掌握。

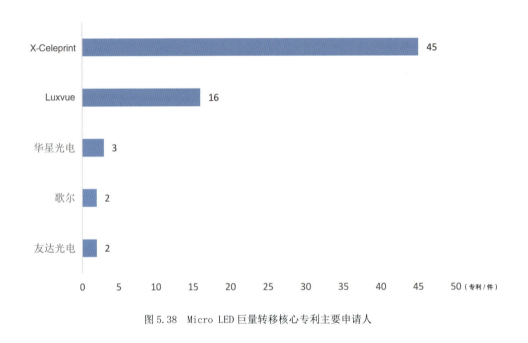

图 5.38　Micro LED 巨量转移核心专利主要申请人

5.6.4.4 Micro LED 驱动核心专利主要申请人排名

如图 5.39 所示，在驱动技术领域，京东方以 16 件的核心专利申请量排名第一。天马的核心申请量也有 8 件，排名第二。美国的 Luxvue 排名第三，核心专利申请量 6 件。友达光电和夏普并列第四，申请量均为 4 件。总体而言，中国申请人在驱动领域占据着一定的优势。

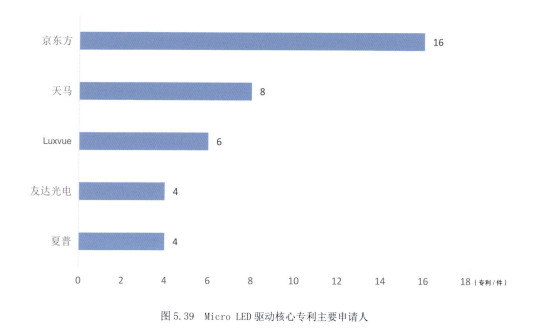

图 5.39　Micro LED 驱动核心专利主要申请人

5.6.4.5　Micro LED 彩色核心专利主要申请人排名

如图 5.40 所示,在彩色技术领域,各申请人的核心专利数量均不多,华星光电和福特以 4 件的申请量并列第一。科洛尼尔塑胶有限公司和 X-Celeprint 公司以 3 件的申请量并列第三。

5.6.4.6　Micro LED 检修维护核心专利主要申请人排名

如图 5.41 所示,在检修维护领域内排名第一的申请人为个人申请人,共计 7 件专利。这 7 件专利后来均转让给了美国联信银行和柯立芝照明有限公司。Luxvue、三星、华星光电和索尼均以 3 件的申请量并列第二。

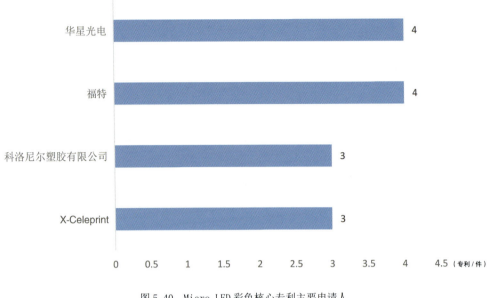

图 5.40　Micro LED 彩色核心专利主要申请人

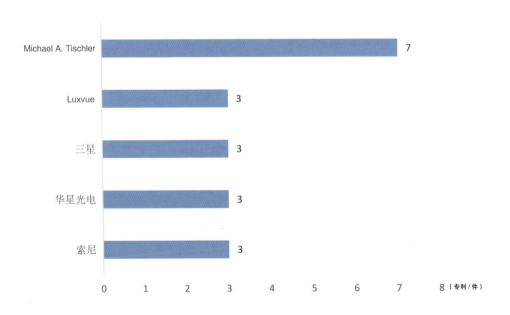

图 5.41　Micro LED 检修维护核心专利主要申请人

5.7 总结

1. Micro LED 技术处于高速发展期，为全球研发热点

Micro LED 显示技术起源于 2000 年前后，美国在该领域的研发和专利布局最早，其次为韩国，国内稍晚，但技术起步时间与国外差距较小。目前该技术处于高速发展期，是显示领域全球的研发热点，发展空间巨大。

2. 中美韩为领域内专利重点布局国家，也是重要的技术来源国

领域内申请人长期以来均高度重视美国市场，自技术诞生以来，持续在美国布局相关专利。中国作为领域内近年来的新兴市场受到越来越多国家和企业的关注，近几年在国内布局的专利持续增多，专利申请总量目前已位列全球首位。除了中美，韩国、日本和中国台湾也是领域内专利布局的重点区域。同时，领域内世界知识产权组织 PCT 专利的申请量较多，说明各国（地区）申请人均做好了向全球布局专利的准备。

3. 美国海外布局能力最强，韩国次之，国内仍有待加强

Micro LED 领域内的申请人主要来自中国及中国台湾、美国、韩国、日本、爱尔兰和加拿大。其中，几个重点国家如中、美、韩、日主要将专利布局在本国，而如中国台湾、爱尔兰及加拿大一类本区域市场不太活跃的则重点将专利布局在美国，较少一部分布局在中国和韩国。在 Micro LED 领域的三大重点国家中，中国申请人主要将专利布局在本土、美国以及 WIPO，在海外专利布局方面较为薄弱；而美国和韩国申请人除了重视本土市场外，在海外大部分区域均布局有专利，专利布局较为全面。这说明国内申请人在海外专利布局方面仍有待加强。

4. 国内技术研发主要集中在广东及北京

国内的技术研发及产业分布主要集中在广东及北京这两大区域，专利申请量远远高于其他区域。国内其他区域在该领域的研发均稍显薄弱。从申请趋势上看，近两年来，江苏、台湾和上海等地的申请量也有一定量的增长。

5. Micro LED 技术领域，面板技术的专利申请量最多，彩色技术最少

纵观 Micro LED 领域各技术分支的专利数量，面板技术的申请量最多，其次为驱动技术，巨量转移技术排名第三，彩色技术和检修维修技术的申请量较少。从申请趋势来看，面板技术的专利申请量在 2016 年之后有了飞速发展，巨量转移的发展主要在 2014 年之后，相对比较平稳。近年来，驱动技术的发展也较快，年申请量已经超过了巨量转移领域，而彩色技术和检修维护技术长期以来相对稳定，随着技术整体的发展创新，在 2016 年之后其专利申请量也有所增长。

在中国公开的专利数量在各领域都占据着较大的优势，其中面板技术领域优势最为明显。美国专利数量在各领域均排名第二，说明领域内的申请人也较为重视美国市场。中国台湾在面板技术领域也有一定的专利申请量，韩国在驱动领域也有一定的专利申请数量。

从技术分支的申请人国别排行来看，中国申请人在各领域均占有较大的优势。美国申请人和日本申请人在面板领域也有一定的申请量。在巨量转移领域，爱尔兰申请人和美国申请人排名第二、三位。驱动领域，韩国、美国和中国台湾申请人也有一定数量的申请。在彩色、检修维护技术领域美国申请人的表现较为突出。

6. Micro LED 领域，来自中国的京东方的专利申请量全球最多

京东方公司的专利远远超出其他申请人，排名全球第一，此外，国内的华星光电、歌尔、天马等在 Micro LED 领域的研发实力也不可小觑。爱尔兰的 X-Celeprint 公司，其专注于 Micro LED 领域的微转印技术，属于该领域的重点申请人。美国申请人则有 Luxvue、Apple 等。韩国方面则有 LG 和 Lumens 在领域内表现突出。

7. 领域内世界知识产权组织 PCT 主要集中在面板技术和驱动技术方面，来自中国和美国的申请量最高

在 Micro LED 领域内的世界知识产权组织 PCT 申请中，中国申请人的世界知识产权组织 PCT 申请已经跃居世界第一。来自美国的申请则排名第二，与中国的差距不算大。来自韩国申请人的世界知识产权组织 PCT 数量排名第三，也有一定的实力。各国近年来的世界知识产权组织 PCT 申请量都呈现出增长趋势。领域内世界知识产权组织 PCT 申请数量最多的技术分支为面板技术领域，其次为驱动领域。从申请人国别上来看，中国在面板技术、驱动技术领域占据着较大的优势，在巨量转移技术、彩色技术和检修维护技术领域中，来自美国申请人的世界知识产权组织 PCT 申请量最多。从单个申请人的数量上看，京东方、华星光电和歌尔排名全球前三。

8. 中国公开的核心专利最多，核心专利量最多的申请人为爱尔兰的 X-Celeprint

领域内核心专利的公开区域集中在中国和美国，二者合计超过了 80% 的占比，中国最多，美国次之。整体来说，领域内的核心专利掌握在中国和美国申请人的手中，爱尔兰申请人也有一定的数量，中国申请人占比约 37%，美国申请人占比约 29%。

在 Micro LED 核心专利的各项技术分支上，在面板技术、驱动技术和彩色技术领域，中国公开的核心专利数量最多，美国专利次之。而在巨量转移和检修维护领域，美国公开的核心专利数量排名第一，中国排名第二。

从申请人国别分布上来说，中国申请人在面板技术、驱动技术、彩色技术领域占据着一定的优势。在巨量转移领域，美国申请人的申请量居全球第一，中国申请人排名随后。在检修维护技术领域美国申请人的核心专利申请量占优，中国申请人排名第二。

就核心专利的总体数量来说，来自爱尔兰的 X-Celeprint 排名第一。中国的京东方、天马和华星光电排名二至四位。

在面板技术领域，中国的申请人占据着明显的优势，京东方、天马、华星光电分列前三。巨量转移技术领域，爱尔兰的 X-Celeprint 领先优势巨大。在驱动技术领域，京东方排名第一，天马排名第二，美国的 Luxvue 排名第三。在彩色技术领域，各申请人的核心专利数量均不多，华星光电和福特并列第一。在检修维护领域内排名第一的申请人为个人申请人，共计 7 件专利。

第六章 光场显示技术知识产权研究分析

6.1 发展趋势

6.1.1 全球专利总体申请趋势

截至 2020 年 5 月 13 日,光场显示领域全球专利申请共计 1 891 件。图 6.1 显示了该领域内的专利申请趋势,可以看出,光场显示领域内的技术研发始于 20 世纪 90 年代初,2000 年以前均处于技术萌芽期。2000 年以后,全球专利申请量开始了缓慢的上升趋势。2010 年以后,年专利申请量快速增长,申请量逐年升高,从 2011 年的 52 件迅速提升至 2016 年的 284 件。尽管 2017 年以后的专利还未公开完全,但是根据已经公开的数据,短期内光场显示领域的研发热度依然不减,整个领域处于技术爆发期。

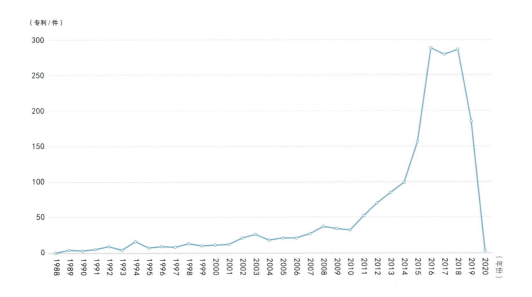

图 6.1 光场显示领域全球专利申请趋势

数据检索截止时间 2020 年 5 月 13 日为专利公开(公告)日,由于 2017 年之后的专利申请数据尚未完全公开,因此,之后的专利申请数据不作为参考。

6.1.2 主要国家（地区）及组织专利申请趋势

图6.2为光场显示主要国家（地区）及组织专利申请趋势，由图可知，在该项技术的发展初期，美国和韩国的专利公开数量占据着一定的优势，2007年以前，二者交替领先。2012年开始，在中国公开的申请量超越美国，跃居世界第一。可以看出，2012年开始中国专利和美国专利均进入高速发展的阶段，年申请量中国专利始终压制着美国专利，说明光场显示主要的市场在中美两国。

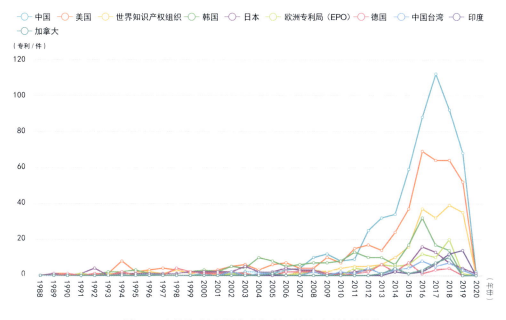

图6.2 光场显示主要国家（地区）及组织专利申请趋势

6.1.3 主要国家及地区申请人专利申请趋势

图6.3显示了主要国家及地区申请人的专利申请趋势。由图可知，2012年以前美国申请人在领域内的专利申请量处于优势地位，韩国申请人在个别年份领先。2012年以后，中国申请人的申请量逐渐追赶上来，和美国申请人形成并驾齐驱的态势，专利年申请量上美国申请人始终稍高一筹。其余国家或地区的申请人则与中美两国拉开了巨大的差距。

6.1.4 国内专利申请趋势

图6.4显示了领域内国内专利申请趋势。由图可知，2012年以前，国内在该领域的申请量均不多。2012年以后，北京的申请量迅速增加，一直领先于其他地区。2015年

开始，来自广东的申请量也有着非常明显的快速增长，其 2017 年的申请量已经接近北京。近年来，江苏和四川的申请量也有一定的增长。

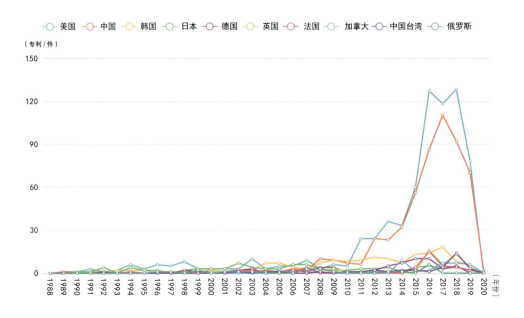

图 6.3　光场显示领域主要国家及地区申请人专利申请趋势

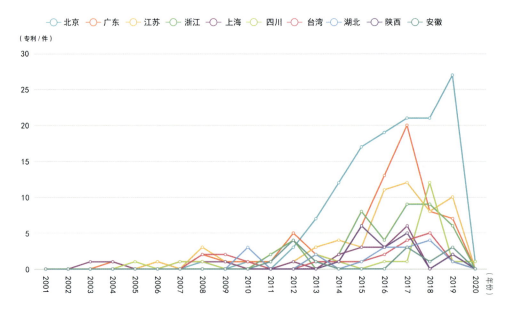

图 6.4　光场显示领域国内专利申请趋势

6.2 专利区域分布

6.2.1 主要国家（地区）及组织专利申请量、专利来源国（地区）排名

图 6.5 显示了光场显示领域内主要国家（地区）及组织专利申请量排名。由图可知，在中国公开的专利数量最多，目前已经接近 600 件。排名第二的为美国专利，数量上超过了 400 件。排名第三的为通过世界知识产权组织 PCT 递交的国际申请，数量超过了 200 件。之后为韩国专利和日本专利。

而在研发实力方面（如图 6.6 所示），美国申请人在领域内的优势较为明显，其 744 件的申请量排名第一。中国申请人凭借近年来的出色表现，以 528 件的申请量排名第二。排名第三和第四的分别为韩国申请人和日本申请人，二者的申请量与中美两国申请人的差距较大。总体来说，领域内的专利申请由美国申请人和中国申请人主导。

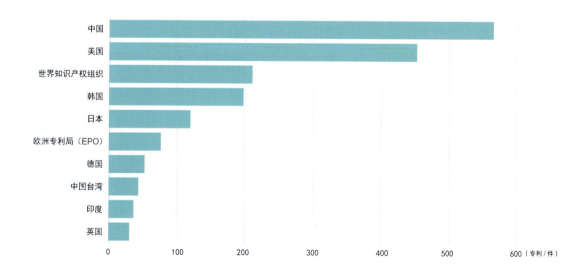

图 6.5 光场显示领域主要国家（地区）及组织专利申请量

第六章 光场显示技术知识产权研究分析 177

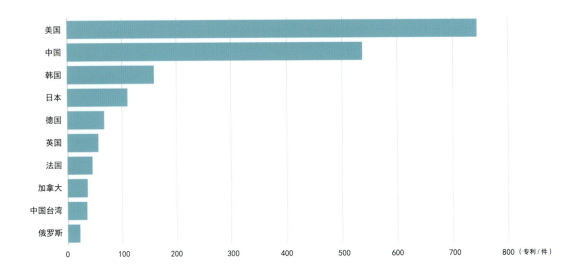

图 6.6　光场显示领域全球主要申请人国别（地区）

6.2.2　全球专利布局情况

图 6.7 反映了光场显示领域主要国家（地区）及组织的专利布局策略，其中横轴为专利申请人国别（地区），纵轴为专利公开国国别（地区）及组织。由图可知领域内除了美国申请人以外，各国申请人均倾向于在本国布局专利。中国申请人除了在本国布局以外，仅在美国和世界知识产权组织 PCT 有少量的布局。韩国申请人在美国和中国有零星的专利申请。美国申请人除了其本土申请外，通过世界知识产权组织 PCT 布局了较多的专利，同时，美国申请人在中国、韩国、日本、欧洲、印度等多地均展开了一定规模的专利申请。

6.2.3　中国专利申请情况

国内的申请情况如图 6.8 所示，可知光场显示领域，国内的研发主体主要集中在北京和广东，尤其是北京地区的专利申请量远超全国其他区域，广东排名第二。其次为江苏、浙江和上海，其研发实力也较强。

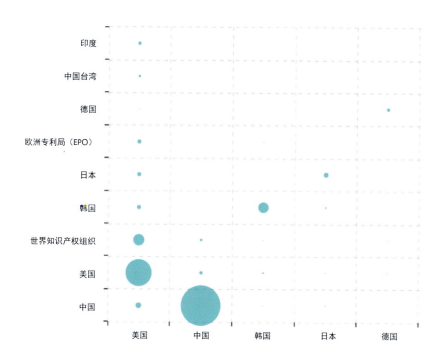

图6.7 光场显示领域主要国家（地区）及组织申请人全球专利布局情况

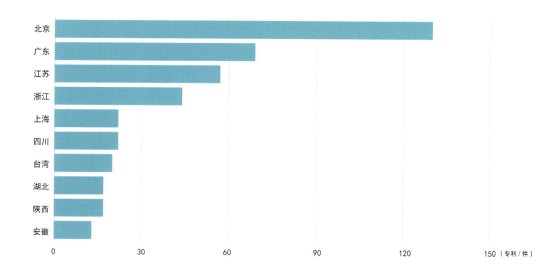

图6.8 光场显示领域中国主要省市申请量

6.3 专利技术结构分析

6.3.1 专利技术结构

光场显示领域有较多的技术分支，其中光栅材料、制造工艺、加工设备、驱动控制、结构设计和实现方法及装置是申请量比较大的技术分支。因此，在专利技术结构分析中，选取以上 6 个技术分支进行分析。

图 6.9 显示了光场显示领域各技术分支的专利申请数量，其中，光场显示的实现方法及装置方面的专利申请最多，达到了 601 件。其次为光栅材料和结构设计领域，分别有 290 件和 265 件的申请量。之后为制造工艺、驱动控制和加工设备领域，专利申请量分别为 190 件、140 件和 123 件。

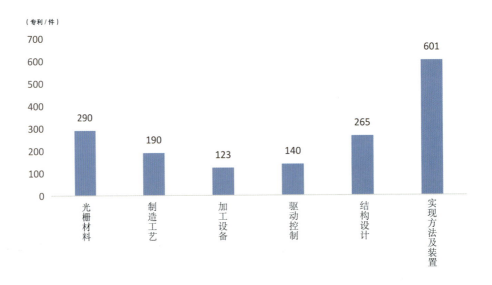

图 6.9 全球光场显示领域各技术分支专利申请量

6.3.2 各技术分支专利申请趋势

图 6.10 为光场显示领域各技术分支的专利申请趋势，可以看出，各领域的专利申请总体趋势较为类似。2012 年以后，光场显示的实现方法及装置率先进入高速增长的阶段。2014 年以后，结构设计领域的发展速度也较快。光栅材料则在 2016 年迎来爆发。驱动控制则在 2018 年的申请量较多。制造工艺和加工设备领域的申请量则比较平稳。

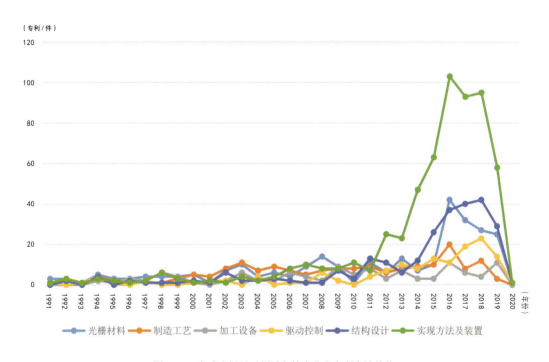

图 6.10　全球光场显示领域各技术分支专利申请趋势

6.3.3 各技术分支全球专利布局情况

图 6.11 为光场显示领域技术分支在全球主要区域专利布局情况，主要公开国为中国、韩国、日本和美国。

由图可知，中国专利在光栅材料、驱动控制、结构设计和实现方法及装置领域数量占优。韩国专利在制造工艺领域排名第一。加工设备领域则是美国专利数量占有优势。

按技术分支的申请人国别申请数量来看（如图 6.12 所示），中国申请人在驱动控制、结构设计和实现方法及装置领域的专利申请量排名第一。美国申请人则在光栅材料、加工设备领域排名第一。韩国申请人则在制造工艺领域的申请量排名第一，日本申请人排名第二。

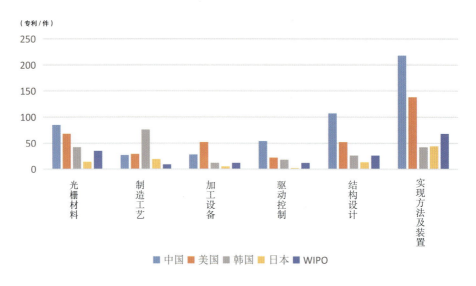

图 6.11　光场显示领域技术分支在主要区域专利布局情况

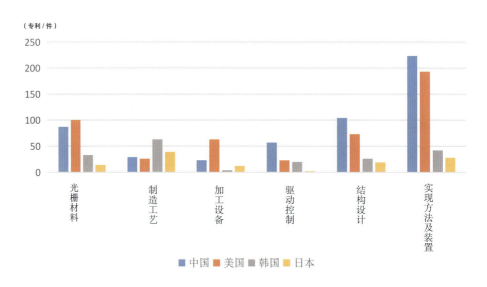

图 6.12　全球光场显示领域技术分支申请人国别申请数量

6.3.4　各技术分支国内申请情况

图 6.13 显示了光场显示领域各技术分支的国内主要省市分布情况，可以看到，领域内的专利申请大省（区域）主要为广东、北京、江苏、上海、四川和浙江。北京在光栅材料、制造工艺、驱动控制、结构设计和实现方法及装置领域全国领先，广东省的申请量在以上几个领域均排名第二。广东省在加工设备领域排名第一。江苏省则在光栅材料、结构设计和实现方法及装置领域有一定的申请量，且在结构设计领域与广东并列第二。上海在各领域的申请量均不是很高。四川和浙江在结构设计和实现方法及装置领域有一定的建树。

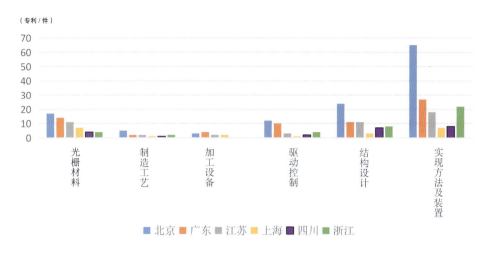

图 6.13 光场显示领域各技术分支国内专利主要省市分布

6.3.5 各技术分支国内专利有效性

由于各技术分支在整个产业领域的研发难度以及重要性不同，其国内专利的有效性也不同。如图 6.14 所示，可以看到，有效占比最高的技术分支为加工设备领域，达到了 53.6%，有效占比最低的为驱动控制领域，仅有 29.6%。审中占比最高的技术分支为驱动控制，达到了 59.3%，审中占比最低的为加工设备领域，比例为 35.7%。失效占比最低的为加工设备领域，最高的为制造工艺，比例分别为 10.7% 和 25.9%。

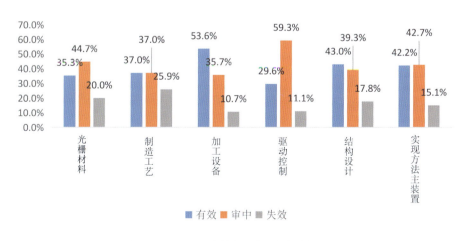

图 6.14 光场显示各技术分支国内专利有效性

6.4 专利申请人分析

6.4.1 全球专利主要申请人

图 6.15 显示了光场显示领域全球主要申请人的专利申请量情况,可以看到前五名都是国外公司,排名第一的为 Magic Leap,相关申请量达到了 106 件,领先优势较大。韩国的三星以 83 件的申请量排名第二。Ostendo 排名第三,它与三星的申请量相差不大,也有 74 件。谷歌以 53 件的申请量排名第四。北京智谷的申请量为 34 件,Dolby 的申请量为 31 件,排名第七至八位的为中国申请人北京邮电大学和京东方,申请量均十分接近 30 件。排名第九至十位的为亚利桑那大学和 Light Field Lab,申请量分别为 26 和 25 件。整体来看,美国申请人在领域内的优势明显,入围前十的申请人多且单个申请人的申请量较大,韩国的三星也有一定的研发实力,中国申请人虽然排名不靠前,但也能在领域内占有一席之地。

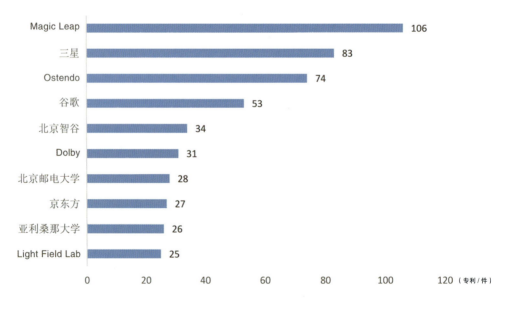

图 6.15 光场显示领域全球专利主要申请人

6.4.2 中国专利主要申请人

针对国内专利的主要专利申请主体如图 6.16 所示,北京邮电大学以 28 件的申请量排名第一。其次为京东方,申请量为 21 件。浙江大学、苏州大学和东南大学分别排名第三至五位。北京智谷、清华大学、苏大维格光电科技、美国的 Magic Leap 和杭州光粒科技排名第六至十位,其申请量均在 10 件以上。整体来说,领域内中国高校申请人的实力较为强劲,前十当中有 5 位高校申请人,京东方在企业申请人中的表现突出。

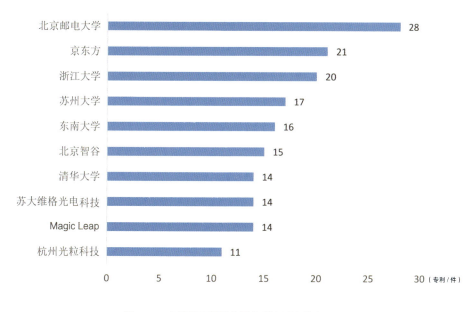

图 6.16 光场显示领域中国专利主要申请人

6.4.3 中国专利中国申请人与国外申请人宏观分析

如图 6.17 和图 6.18 所示,从申请趋势上看,国外申请人的专利申请数量虽然总量不多,但进入快速增长的阶段要早于中国申请人一年,国外申请人在国内的专利申请从 2011 年进入快速发展阶段,国内申请人则是从 2012 年开始,专利申请量大幅攀升。

如图 6.19 所示,对比中国专利申请的国内外申请人的法律状态可以发现,就专利有效占比而言,国内申请人高于国外申请人 14 个百分点。审中占比则是国外申请人大幅领先,超过了 23 个百分点。在失效占比方面,国内申请人高出国外申请人接近 9 个百分点。

第六章 光场显示技术知识产权研究分析 185

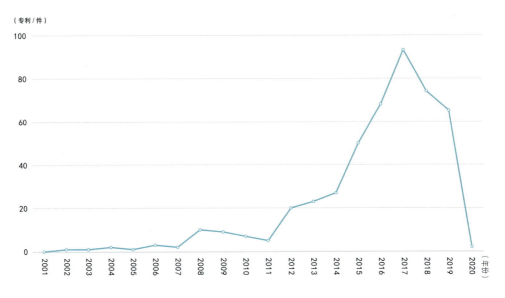

图 6.17　中国专利中国申请人申请趋势

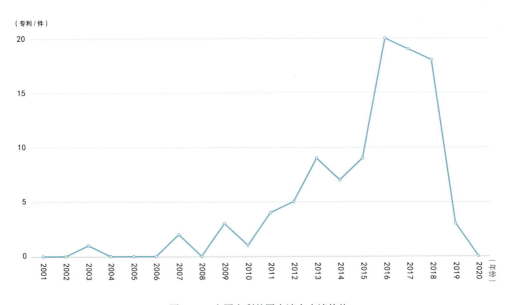

图 6.18　中国专利外国申请人申请趋势

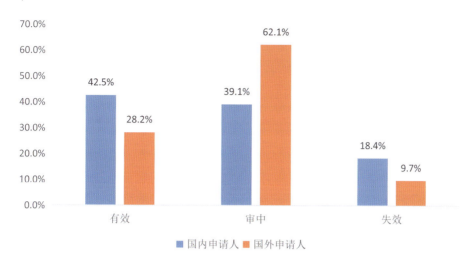

图 6.19　中国专利中外申请人法律状态对比

6.4.4　各技术分支全球主要申请人

6.4.4.1　光场显示光栅材料全球主要申请人

如图 6.20 所示，在光场显示光栅材料领域，三星以 12 件的申请量排名第一。Magic Leap 以一件之差紧随其后。并列排名第三的为 Molecular Imprints、北京邮电大学和 Digilens，申请量均为 10 件。苏州大学和苏大维格光电科技的申请量都是 8 件。申请量超过 5 件的申请人还有 Artificial Sensing Instruments 和 Raxium。

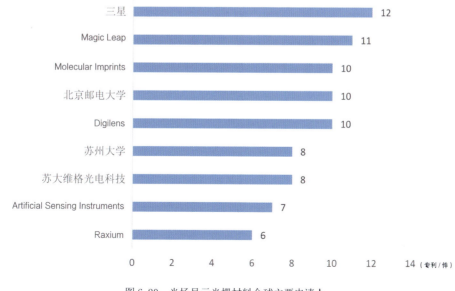

图 6.20　光场显示光栅材料全球主要申请人

6.4.4.2 光场显示制造工艺全球主要申请人

如图 6.21 所示，在光场显示制造工艺领域，韩国申请人的优势较为明显，三星以 28 件的申请量遥遥领先，申请量为排名第二的 LG 的两倍。排名第三的为深圳典邦，申请量为 6 件。Ostendo、索尼、Nvidia、京东方、夏普和 Olympus 等知名企业在领域内也有少量的申请。

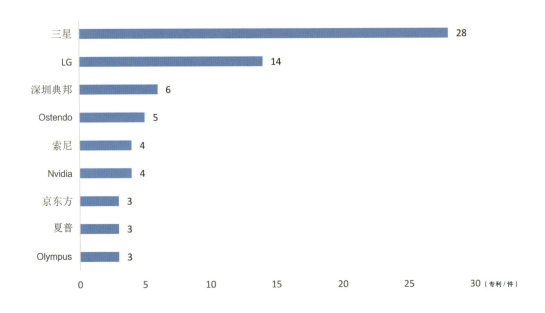

图 6.21 光场显示制造工艺全球主要申请人

6.4.4.3 光场显示加工设备全球主要申请人

如图 6.22 所示，在光场显示加工设备领域，排名第一的为 GSI Lumonics，申请量为 7 件。排名第二的为 IMRA America 和清华大学，申请量均为 4 件。申请量为 3 件的申请人还有 Apple、Applied Materials、康宁、伊雷克托科学工业和日立。

6.4.4.4 光场显示驱动控制全球主要申请人

如图 6.23 所示，在光场显示驱动控制领域，三星排名第一，申请量为 10 件。紧随其后的为 Dolby，申请量为 9 件。京东方和谷歌的申请量同为 5 件。华星光电与 Artifical Sensing Instruments 的申请量均为 4 件。申请量同为 3 件的均为中国高校申请人，分别是山东师范大学、浙江大学和西北工业大学。

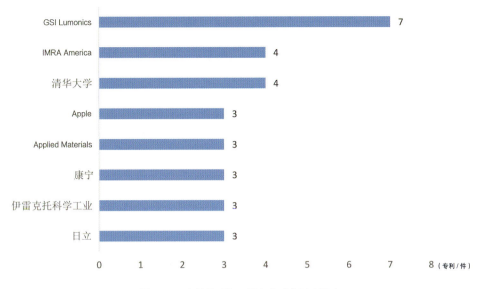

图 6.22　光场显示加工设备全球主要申请人

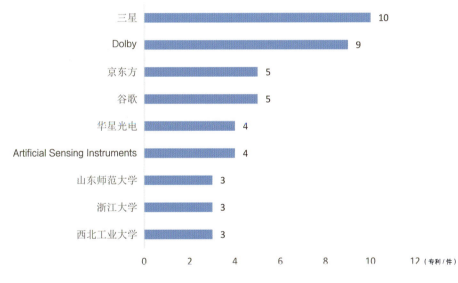

图 6.23　光场显示驱动控制全球主要申请人

6.4.4.5　光场显示结构设计全球主要申请人

如图 6.24 所示，在光场显示结构设计领域，Ostendo 以 21 件的申请量排名第一。三星以 14 件的申请量排名第二。Magic Leap 和苏州大学并列第三，申请量均为 10 件。群睿股份排名第五。排名第六至十位的分别为 Avalon Holographics（阿瓦龙全息照明技术）、苏大维格光电科技、清华大学、北京邮电大学和高通，申请量均在 5 件及以上。

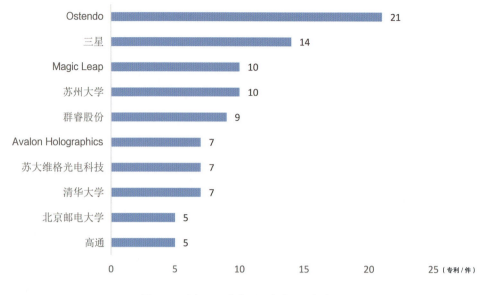

图 6.24　光场显示结构设计全球主要申请人

6.4.4.6　光场显示实现方法及装置全球主要申请人

如图 6.25 所示，领域内 Ostendo 的申请量排名第一，达到了 35 件。北京智谷以 1 件之差排名第二。三星排名第三，申请量为 29 件。排名第四的为 Evolution Optiks。申请量为 12 件的申请人则有浙江大学、京东方和 Mtt Innovation。并列排名第八的为 Magic Leap、Light Field Lab 和北京邮电大学，申请量均为 10 件。

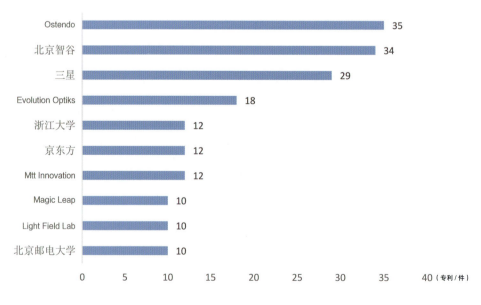

图 6.25　光场显示实现方法及装置全球主要申请人

6.5 世界知识产权组织 PCT 申请情况

6.5.1 世界知识产权组织 PCT 总体申请趋势

如图 6.26 所示，领域内的世界知识产权组织 PCT 申请共计 211 件，相关申请始于 2003 年。2010 年以后，世界知识产权组织 PCT 申请量进入逐步上涨阶段，2013 年以前的增长速度并不快。2014 年开始，世界知识产权组织 PCT 申请量开始加速，呈现出爆发性增长的趋势。尽管 2017 年的申请量有小幅回落，但 2018 年又有回升。整体来说，领域内的世界知识产权组织 PCT 申请依然处在高速增长的状态中。

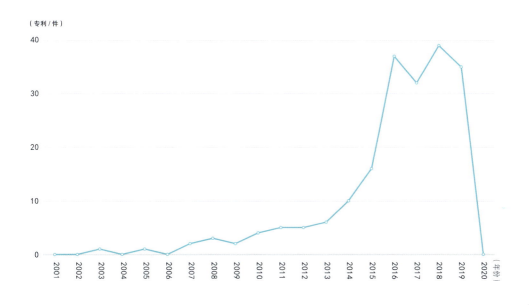

图 6.26　光场显示领域世界知识产权组织 PCT 申请趋势

如图 6.27 所示，领域内的世界知识产权组织 PCT 申请从 2010 年开始一直由美国申请人主导，美国申请人的申请量从 2014 年开始进入增长的快车道，申请量大幅领先于其他国家申请人。中国申请人的世界知识产权组织 PCT 申请从 2014 年以后进入增长阶段，2017 年的申请量最多，但与美国申请人的数量差距依然较大。

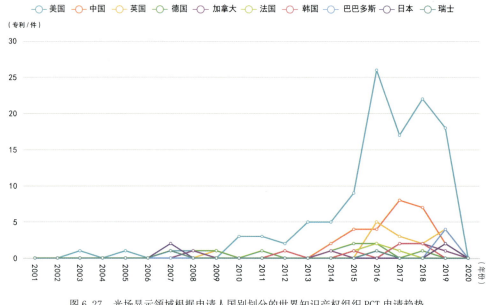

图6.27 光场显示领域根据申请人国别划分的世界知识产权组织PCT申请趋势

如图6.28所示,来自美国申请人的世界知识产权组织PCT数量最多,占比高达60.00%,世界知识产权组织PCT专利申请量远远高于其他国家。中国申请人的世界知识产权组织PCT申请数量排名第二,但占比仅有13.33%。其次为英国、德国、加拿大和法国等。

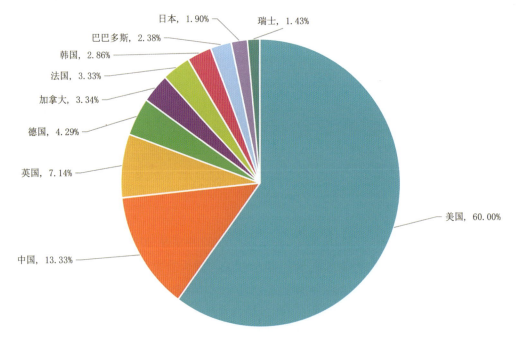

图6.28 光场显示领域世界知识产权组织PCT申请来源国分布图

6.5.2 各技术分支世界知识产权组织 PCT 申请情况

如图 6.29 所示，领域内世界知识产权组织 PCT 申请数量最多的技术分支为光场显示的实现方法及装置，申请量达到了 68 件，大幅领先于其他技术方向。排名第二的为光栅材料领域，世界知识产权组织 PCT 申请量为 35 件。结构设计排名第三，申请量为 26 件。制造工艺、加工设备和驱动控制领域的世界知识产权组织 PCT 申请量均较少，分别仅有 9 件、12 件和 12 件。

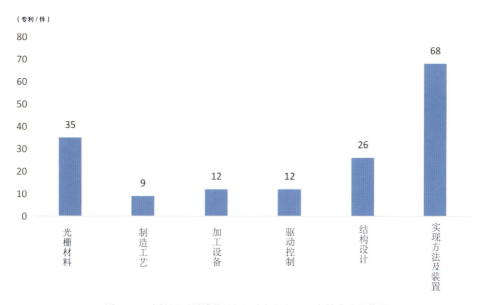

图 6.29　光场显示领域世界知识产权组织 PCT 各技术分支数量

如图 6.30 所示，在光场显示领域的世界知识产权组织 PCT 各技术分支申请趋势中，实现方法及装置和结构设计领域从 2014 年开始就步入快速增长的阶段。光栅材料领域的世界知识产权组织 PCT 申请在 2016 年有了突然的爆发。驱动控制领域则在 2018 年有着较多的申请量。制造工艺和加工设备领域一直以来则没有表现出上涨的趋势。

如图 6.31 所示，在各技术分支的世界知识产权组织 PCT 申请来源国中，美国申请人在各技术领域的申请量均排名第一，其中光栅材料、加工设备、结构设计和实现方法及装置领域处于绝对领先地位，优势巨大。在制造工艺和驱动控制领域，中国申请人与美国申请人的差距不大。英国申请人在光栅材料领域的申请量排名第二。

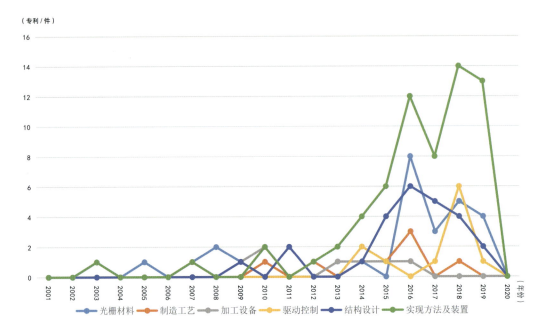

图 6.30　光场显示领域世界知识产权组织 PCT 各技术分支申请趋势

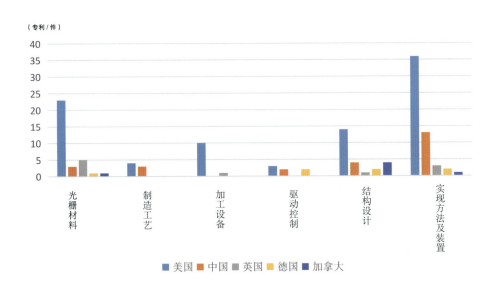

图 6.31　光场显示领域世界知识产权组织 PCT 各技术分支申请来源国

如图 6.32 所示，领域内世界知识产权组织 PCT 申请数量最多的为 Magic Leap，申请量有 12 件。紧随其后的为 Ostendo，申请量为 11 件。Light Field Lab 和麻省理工学院并列第三，申请量均为 6 件。Evolution Optiks 和 Pcms Holdings 的申请量都为 5 件。申请量为 4 件的申请人有：Applied Materials、亚利桑那大学、京东方、谷歌和北京智谷。

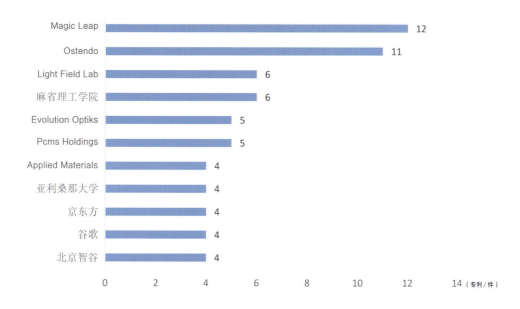

图 6.32　光场显示领域世界知识产权组织 PCT 主要申请人

6.6 核心专利申请情况

6.6.1 核心专利公开国（地区）及组织情况

截至 2020 年 5 月 19 日，全球在光场显示领域的核心专利有 560 件（以打分排名选取各领域排名前 40% 的专利），如图 6.33 所示，其中中国专利约占 38%，排名第一。美国专利以近 30% 的占比排名第二。韩国专利排名第三，申请量占比约 11%。通过世界知识产权组织 PCT 申请的国际专利也占有约 9% 的比例。之后为日本、德国，核心专利申请量占比分别为 5% 和 3% 左右。

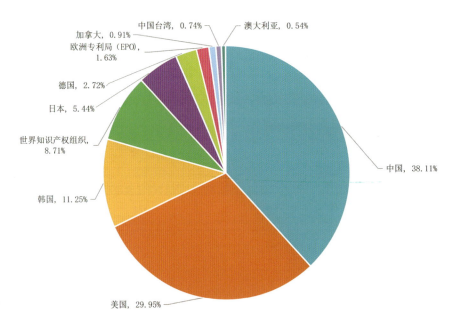

图 6.33 光场显示领域核心专利全球公开国别（地区）及组织分布

6.6.2 核心专利申请国（地区）情况

如图 6.34 所示，从光场显示领域核心专利的申请人国别（地区）来看，美国申请人有一定的优势，其核心专利申请量占比约 36%。中国申请人紧随其后，与美国申请人的差距并不大，核心专利占比约 33%，共计 180 件。韩国申请人和日本申请人分别排名第三至四位，核心专利占比分别为 10% 和 7% 左右。德国、加拿大、瑞士、英国也有一定的申请量，占比在 2% 至 4% 之间。

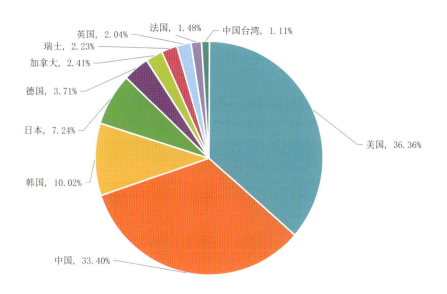

图 6.34 光场显示领域核心专利全球申请人国别（地区）分布

6.6.3 核心专利技术分布情况

如图 6.35 所示，在光场显示的各个细分领域，在中国公开的核心专利数量在驱动控制、结构设计和实现方法及装置领域均占有一定的优势。光栅材料领域则是中国专利和美国专利并驾齐驱，相差很少，美国专利稍占优势。加工设备领域则是美国专利数量优势明显。制造工艺领域则是韩国专利数量排名第一。

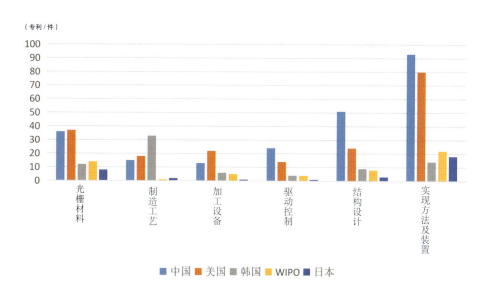

图 6.35 光场显示领域全球核心专利各技术分支公开国分布

如图 6.36 所示，美国申请人在光栅材料、加工设备和实现方法及装置领域排名第一，核心专利数量居首。中国申请人则在驱动控制、结构设计领域占据优势。制造工艺领域则是韩国申请人占优，美国、中国和日本申请人处于同一水平线。

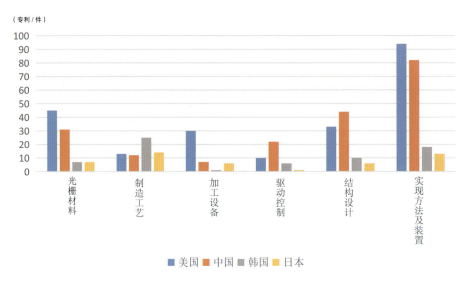

图 6.36　光场显示全球核心专利各技术分支申请人国别分布

6.6.4　核心专利主要申请人分布情况

6.6.4.1　光场显示整体核心专利主要申请人排名

如图 6.37 所示，按照核心专利申请量排名，韩国的三星在领域内占有一定的优势，核心专利申请量为 36 件。排名第二的为中国的北京智谷，申请量为 24 件。Ostendo 以一件之差排名第三，也有着较强的实力。Magic Leap 与 Dolby 分列第四至五位。中国高校申请人在领域内的实力也不容小觑，浙江大学、北京邮电大学和苏州大学均入围前十。整体来看，韩国、美国及中国申请人占据着领域内的主导地位。

6.6.4.2　光场显示光栅材料核心专利主要申请人排名

如图 6.38 所示，在光栅材料领域，Artificial Sensing Instruments 排名第一，其核心专利申请量为 7 件。Magic Leap 排名第二，申请量为 5 件。苏州大学和苏大维格光电科技以及迪吉伦斯并列第三，申请量均为 4 件。

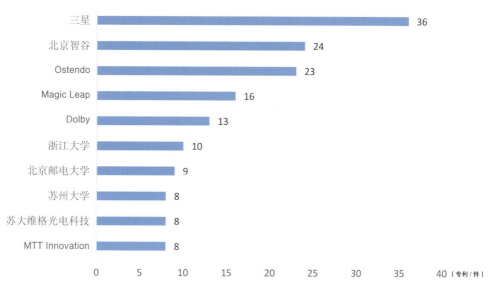

图 6.37　光场显示全球核心专利主要申请人

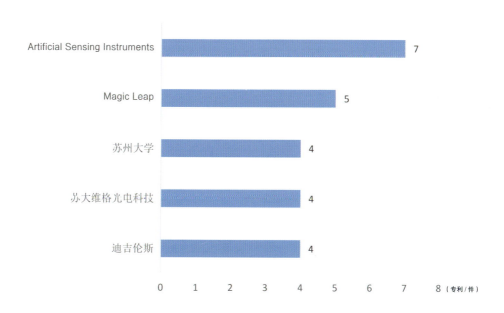

图 6.38　光场显示光栅材料全球核心专利主要申请人

6.6.4.3 光场显示制造工艺核心专利主要申请人排名

如图 6.39 所示,在制造工艺领域,韩国申请人占据着绝对优势,三星以 15 件的核心专利申请量高居榜首,大幅领先于其他申请人。韩国的 LG 以 5 件的申请量排名第二。Nvida 与 Thales 公司并列排名第三,申请量均为 3 件。

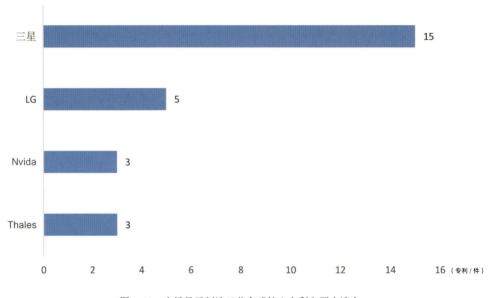

图 6.39　光场显示制造工艺全球核心专利主要申请人

6.6.4.4 光场显示加工设备核心专利主要申请人排名

如图 6.40 所示,在加工设备领域,伊雷克托以 3 件的核心专利申请量排名第一。并列排名第二的为荷兰的 ASML、日本的株式会社半导体能源研究所和美国的 GSI Lumonics,申请量均为 2 件。

6.6.4.5 光场显示驱动控制核心专利主要申请人排名

如图 6.41 所示,在驱动控制领域,Dolby 的核心专利申请量排名第一,数量为 5 件。其次为 Artificial Sensing Instruments,核心专利申请数为 4 件。并列第三的为三星和山东师范大学,数量均为 3 件。

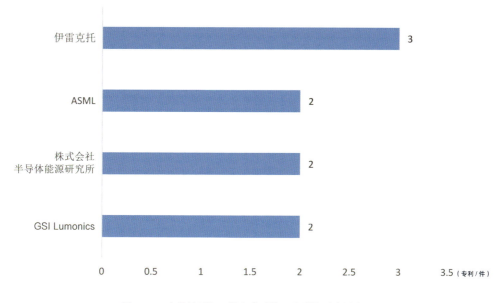

图 6.40　光场显示加工设备全球核心专利主要申请人

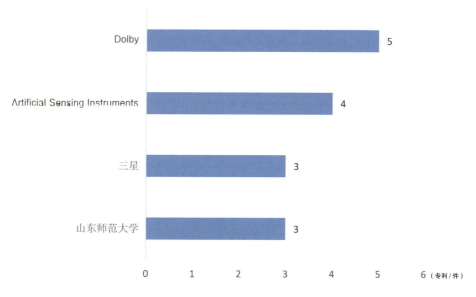

图 6.41　光场显示驱动控制全球核心专利主要申请人

6.6.4.6　光场显示结构设计核心专利主要申请人排名

如图 6.42 所示，在结构设计领域，Ostendo 以 10 件的申请量排名第一。其次为三星和 Magic Leap，核心专利申请量分别为 7 件和 6 件。中国申请人北京邮电大学、苏州大学和苏大维格光电科技并列第四，申请量均为 4 件。

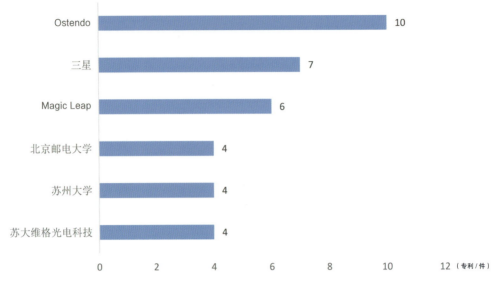

图 6.42　光场显示结构设计全球核心专利主要申请人

6.6.4.7　光场显示实现方法及装置核心专利主要申请人排名

如图 6.43 所示，在领域内，中国的北京智谷以 24 件的核心专利申请量遥遥领先于其他申请人。三星排名第二，申请量为 15 件，也有一定的实力。Ostendo 排名第三，核心专利申请量为 13 件。Mtt Innovation 和浙江大学分列第四至五位，申请量分别为 8 件和 7 件。

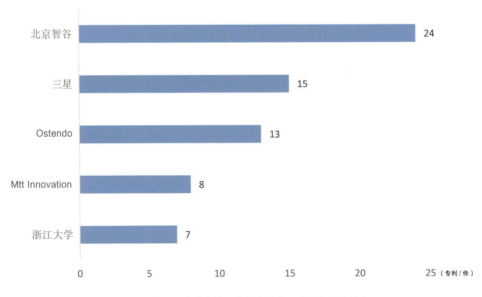

图 6.43　光场显示生成方法及装置全球核心专利主要申请人

6.7 总结

1. 光场显示领域技术发展始于 20 世纪 90 年代初，目前处于高速发展期

光场显示领域内的技术发展始于 20 世纪 90 年代初。2000 年以后，全球专利申请量开始缓慢的上升趋势。2010 年以后，年专利申请量快速增长。尽管 2017 年以后的专利还未公开完全，但是根据已经公开的数据，短期内光场显示领域的研发热度依然不减，整个领域处于技术爆发期。

2. 中国是全球最大的光场显示领域专利布局国，其次为美国

从专利布局总量来看，近年来在中国公开的专利数量最多，排名第二的为美国，排名第三的为通过世界知识产权组织 PCT 递交的国际申请，之后为韩国和日本。从公开趋势上看，发展初期，美国和韩国的专利公开数量占据着一定的优势，2012 年开始，在中国公开的申请量超越美国，跃居世界第一，此后中国专利和美国专利均进入高速发展的阶段。在研发实力方面，美国申请人在领域内的优势较为明显，中国申请人排名第二。从申请人趋势上来看，2012 年以后，中国申请人的申请量逐渐追赶上来，和美国申请人已经形成并驾齐驱的态势。

3. 光场显示领域国内专利主要来源于北京和广东

在光场显示领域，国内的研发主体主要集中在北京和广东，尤其是北京地区的专利申请量远超全国其他区域，广东排名第二。其次为江苏、浙江和上海，研发实力也较强。从申请趋势上看，2012 年以后，北京的申请量迅速增加，一直领先于其他地区，2015 年开始，来自广东的申请量也有着非常明显的快速增长，近年来，江苏和四川的申请量也有一定的增长。

4. 光场显示领域内美国申请人在海外布局专利的意识较强

除了美国申请人以外，各国申请人均倾向于在本国布局专利。而美国申请人除了其本土申请外，通过世界知识产权组织 PCT 布局了较多的专利，同时，其在中国、韩国、日本、欧洲、印度等多地均展开了一定规模的专利申请。

5. 光场显示技术领域，实现方法及装置方面的专利申请量最多，加工设备最少

在光场显示各技术领域，实现方法及装置方面的专利申请最多，其次为光栅材料和结构设计领域，之后为制造工艺、驱动控制和加工设备领域。

各领域的专利申请总体趋势较为类似，2012 年以后，光场显示的实现方法及装置率先进入高速增长的状态，2014 年以后，结构设计领域的发展速度也较快，光栅材料则在 2016 年迎来爆发，驱动控制则在 2018 年的申请量较多。制造工艺和加工设备领域的申请量则比较平稳。

从公开区域来看，中国专利在光栅材料、驱动控制、结构设计和实现方法及装置领域数量占优。韩国专利在制造工艺领域排名第一。加工设备领域则是美国专利数量占有优势。

从技术分支的申请人国别排行来看，中国申请人在驱动控制、结构设计和实现方法及装置领域的专利申请量均排名第一。美国申请人则在光栅材料、加工设备领域均排名第一。韩国申请人则在制造工艺领域的申请量排名第一。

6. 全球的重点申请人大多来自美国、中国和韩国，Magic Leap 居全球第一，北京邮电大学居国内第一

领域内全球申请量排名前四的均为外国申请人，排名第一的为 Magic Leap，三星和 Ostendo 紧随其后。中国申请人也有相当的实力，北京智谷、北京邮电大学、京东方入围前十。整体来看，美国申请人在领域内的优势明显，入围前十的申请人多且单个申请人的申请量较大。

国内专利的申请人排名则是北京邮电大学排名第一，其次为京东方。浙江大学、苏州大学和东南大学分别排名第三至五位。整体来说，领域内中国高校申请人的实力较为强劲，前十当中有 5 位高校申请人，京东方在企业申请人中的表现突出。

7. 领域内世界知识产权组织 PCT 专利主要集中在实现方法及装置，来自美国的申请量最高

领域内来自美国申请人的世界知识产权组织 PCT 数量最多，占比高达 60.00%。中国申请人排名第二，占比 13.33%。从申请趋势上来看，2010 年开始一直由美国申请人主导，并且从 2014 年开始进入增长的快车道，申请量大幅领先于其他国家申请人。中国申请人的世界知识产权组织 PCT 申请从 2014 年以后进入增长阶段，2017 年的申请量最多，但与美国申请人的数量差距依然较大。

从细分技术方向来看，有关光场显示的实现方法及装置的世界知识产权组织 PCT 数量最多，其余依次为光栅材料、结构设计、加工设备、驱动控制、制造工艺。

美国申请人在各技术领域的申请量均排名第一，其中光栅材料、加工设备、结构设计和实现方法及装置领域均处于绝对领先地位，优势巨大。在制造工艺和驱动控制领域，中国申请人与美国申请人的差距不大。英国申请人在光栅材料领域的申请量排名第二。

领域内世界知识产权组织 PCT 申请数量最多的为 Magic Leap。紧随其后的为 Ostendo。Light Field Lab 和麻省理工学院并列排名第三。来自中国的京东方和北京智谷也有一定的申请量。

8. 中国公开的核心专利最多，核心专利量最多的申请人为韩国的三星

领域内在中国公开的核心专利数量最多，其次为美国。核心专利申请来源国方面，美国申请人有一定的优势，占比约 36%。中国申请人紧随其后，占比约 33%。

在光场显示的各个细分领域，中国公开的核心专利数量在驱动控制、结构设计和实现方法及装置领域占有一定的优势。光栅材料领域则是中国专利和美国专利并驾齐驱。加工设备领域则是美国专利数量优势明显。制造工艺领域则是韩国专利数量排名第一。

美国申请人在光栅材料、加工设备和实现方法及装置领域排名第一，核心专利数量居首。中国申请人则在驱动控制、结构设计领域占据优势。制造工艺领域则是韩国申请人占优。

按照核心专利申请人排名，韩国的三星在领域内占有一定的优势，排名第二的为中国的北京智谷，Ostendo 紧随其后。中国高校申请人在领域内的实力也不容小觑，浙江大学、北京邮电大学和苏州大学均入围前十。整体来看，韩国、美国及中国申请人占据着领域内的主导地位。

在光栅材料领域，Artificial Sensing Instruments 排名第一，Magic Leap 排名第二，苏州大学和苏大维格光电科技以及迪吉伦斯并列第三。

在制造工艺领域，韩国申请人在领域内占据着绝对优势，三星高居榜首，大幅领先于其他申请人。韩国的 LG 排名第二。

在加工设备领域，伊雷克托排名第一。并列第二的为荷兰的 ASML、日本的株式会社半导体能源研究所和美国的 GSI Lumonics。

在驱动控制领域，Dolby 的核心专利申请量排名第一。其次为 Artificial Sensing Instruments。并列第三的为三星和山东师范大学。

在结构设计领域，Ostendo 排名第一。其次为三星和 Magic Leap。中国申请人北京邮电大学、苏州大学和苏大维格光电科技并列第四。

在光场显示生成方法及装置领域，中国的北京智谷遥遥领先，三星排名第二，Ostendo 排名第三。

第七章　AR/VR 显示技术知识产权研究分析

7.1　发展趋势

7.1.1　全球专利总体申请趋势

截至 2020 年 5 月 21 日，全球在 AR/VR 显示领域的专利申请量为 37 459 件，图 7.1 显示了该领域内的专利申请趋势。可以看出，领域内的研发始于 20 世纪 90 年代，2009 年以前的专利申请量一直不是很多，处于技术萌芽期。2010 年至 2014 年，专利申请量进入快速增长的阶段，申请量逐年攀升，说明相关技术有了一定的突破。2015 年开始，领域内的专利申请量呈现出爆发性增长，特别是 2017 年，在国内被称为 AR/VR 元年，申请量激增。2018 年以后的数据由于公开不完全还不具备参考意义。总体来看，近年来 AR/VR 领域处于高速发展的状态。

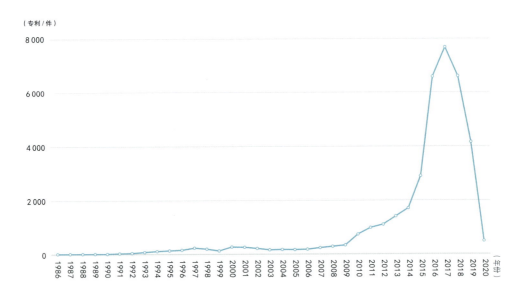

图 7.1　AR/VR 领域全球专利申请趋势

数据检索截止时间 2020 年 5 月 21 日为专利公开（公告）日，由于 2017 年之后的专利申请数据尚未完全公开，因此，之后的专利申请数据不作为参考。

7.1.2 主要国家（地区）及组织专利申请趋势

图 7.2 所示为 AR/VR 显示主要国家（地区）及组织专利申请趋势，由图可知，韩国专利在 2010 年处于领先地位，但很快便被美国专利数量超越，美国专利在 2011 年至 2015 年保持着领先地位。2016 年开始，中国专利的申请数量激增，中国专利数量跃居世界第一。可以看出，2014 年以后，中国、美国、WIPO、韩国等公开的专利数量均有大幅增长，说明整个领域还处在高速发展的阶段。

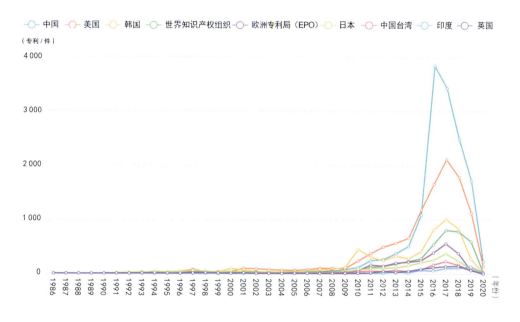

图 7.2　AR/VR 领域主要国家（地区）及组织专利申请趋势

7.1.3 主要国家及地区申请人专利申请趋势

图 7.3 显示了主要国家及地区申请人近 30 年的专利申请趋势，由图可知美国申请人在 2015 年之前一直处于领先地位（2010 年例外），说明美国申请人为领域内研发的领跑者。中国申请人从 2015 年开始发力，并于 2016 年超越了美国申请人。从目前公开的数据来看，2018 年中美两国申请人的申请量十分接近。领域内韩国申请人的专利数量近年来也有着较为明显的增长。整体来说，中美韩这三国申请人在领域内拥有着较大的优势。

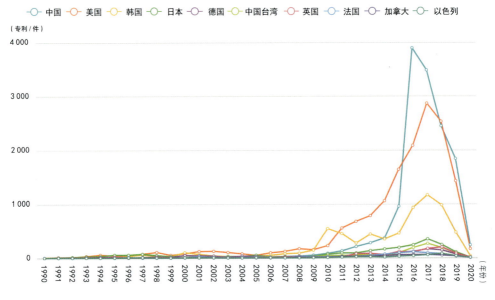

图 7.3 AR/VR 领域主要国家及地区申请人专利申请趋势

7.1.4 国内专利申请趋势

图 7.4 显示了领域内国内专利申请趋势。可以看出，各主要区域均于 2015 年进入快速增长的阶段。广东的申请量最多，其次为北京和上海。2017 年开始，也许是由于公开不完全的原因，各省市申请量均出现了一定幅度的下滑。

图 7.4 AR/VR 领域国内专利申请趋势

7.2 专利区域分布

7.2.1 主要国家（地区）及组织专利申请量、专利来源国（地区）排名

图 7.5 显示了 AR/VR 领域主要国家（地区）及组织专利申请量排名。由图可知，在中国公开的专利数量最多，目前已经超过 12 000 件。美国专利的数量排名第二，也超过了 8 000 件。排名第三的韩国申请人则有超过 4 000 件的申请量。整体来看，中国和美国是 AR/VR 技术的重要市场。

而在研发实力方面（如图 7.6 所示），中国申请人排名第一，专利申请数超过 12 000 件，美国申请人紧随其后，申请量仅仅相差不到 1 000 件。韩国和日本申请人排名第三至四位，但二者的申请数量与中美两国申请人差距较大。

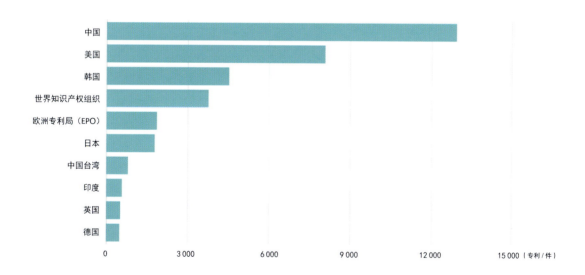

图 7.5 AR/VR 领域主要国家（地区）及组织专利申请量

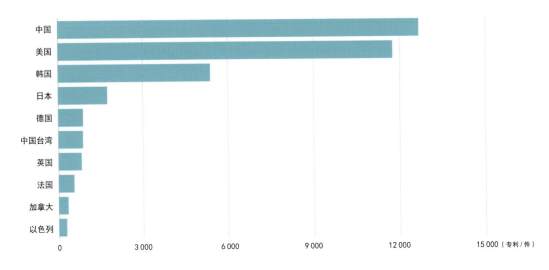

图 7.6　AR/VR 显示领域全球主要申请人国别（地区）

7.2.2　全球专利布局情况

图 7.7 反映了领域内主要国家（地区）及组织的专利布局策略，其中横轴为专利申请人国别（地区），纵轴为专利公开国国别（地区）及组织。由图可知领域内除了美国申请人以外，各国申请人均倾向于在本国布局专利，海外申请所占的比例较小。美国申请人除在本土申请专利外，在中国、WIPO、欧洲专利局和日本等地及组织均有一定量的专利申请。中国申请人除了在本土布局外，主要还通过 WIPO 进行世界知识产权组织 PCT 申请。韩国申请人的海外布局主要在美国、WIPO 和中国。

7.2.3　中国专利申请情况

国内的申请情况如图 7.8 所示，可知 AR/VR 领域，国内的研发主体主要集中在广东和北京。广东的申请量最多，超过了 3 000 件，北京的申请量也超过了 2 000 件。申请量超过 500 件的省市还有上海、江苏、浙江和山东。

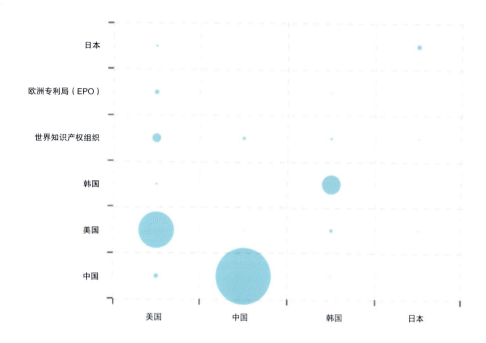

图 7.7　AR/VR 领域主要国家（地区）及组织申请人全球专利布局情况

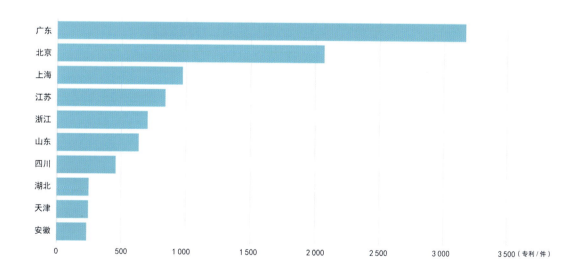

图 7.8　AR/VR 领域中国主要省市申请量

7.3 专利技术结构分析

7.3.1 专利技术结构

图 7.9 显示了 AR 与 VR 分别的专利申请量，VR 领域的申请量有 21 752 件，比 AR 领域稍多，AR 领域则有 18 363 件的专利申请量。

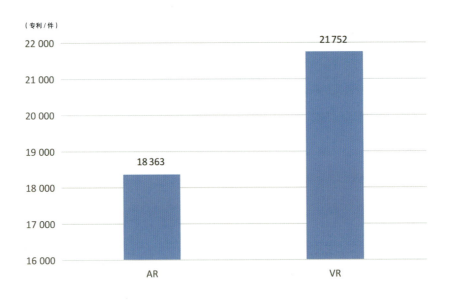

图 7.9　AR 与 VR 全球专利申请量

7.3.2 各技术分支专利申请趋势

图 7.10 为 AR/VR 领域分别的申请趋势，可以看出，VR 领域的研究始于 20 世纪 90 年代，在经历了漫长的技术萌芽期后，VR 领域的申请量从 2014 年开始爆发，专利申请量快速上涨，呈现出指数级上涨趋势，爆发力极强。相比之下，AR 起步较晚，从 21 世纪初开始有申请，2010 年以后进入快速发展的阶段，专利申请量逐年提升，但上涨速度没有 VR 那么快，从近年来的申请量上看也是 VR 占据着优势。因此可以预计的是，短期内 VR 的专利申请趋势将维持快速上涨的态势，而 AR 的增长趋势将逐步放缓。

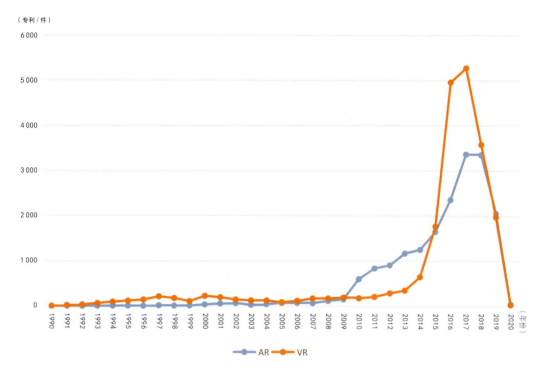

图 7.10　AR/VR 专利全球申请趋势

7.3.3　各技术分支全球专利布局情况

图 7.11 为 AR/VR 技术分支在全球主要区域专利布局情况。可以看出，在 AR 领域，由美国公开的专利数最多，接近 6 000 件。中国专利排名第二，数量上超过 4 000 件。韩国专利数量排名第三。在 VR 领域，中国专利数量遥遥领先，达到了 8 835 件。排名第二的为美国专利，数量为 4 484 件。韩国专利排名第三，数量为 2 306 件。

从技术分支的主要申请来源国申请数量来看（如图 7.12 所示）。在 AR 领域，美国申请人的优势非常明显，申请量接近 8 000 件，而排名第二的中国申请人的数量为 3 578 件，排名第三的韩国申请人的申请数量则不到 3 000 件。在 VR 领域，中国申请人占据着一定的优势，申请量接近 9 000 件，排名第二的美国申请人的专利申请量则在 6 000 件出头，韩国申请人排名第三，数量为 2 637 件。

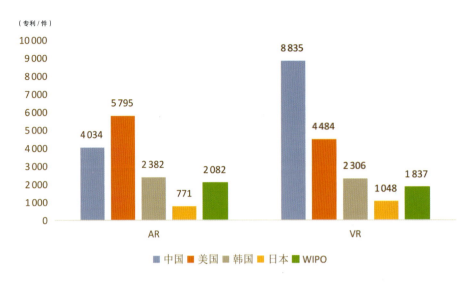

图 7.11 AR/VR 技术分支在主要区域专利布局情况

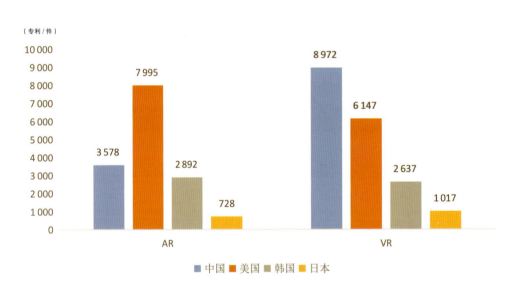

图 7.12 AR/VR 技术分支主要申请来源国申请数量

7.3.4 各技术分支国内申请情况

图 7.13 显示了各技术分支的国内申请情况。广东的申请量在 AR 和 VR 领域均为全国第一,北京紧随其后,其中 AR 领域北京与广东的差距不大,VR 领域的差距较为明显。上海与江苏也有一定的申请量。

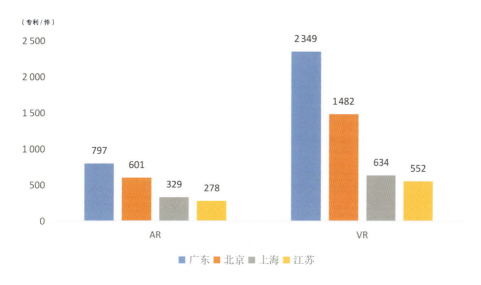

图 7.13　AR/VR 技术分支国内专利主要省市分布

7.3.5　各技术分支国内专利有效性

由于各技术分支在整个产业领域的研发难度以及重要性不同，其国内专利的有效性也不同。如图 7.14 所示，AR 与 VR 领域进行横向比较，有效占比方面 VR 领域稍稍占优，领先约 6 个百分点；审中状态占比则是 AR 领域大幅领先接近 14 个百分点；失效占比方面 VR 领域高出 AR 领域 8 个百分点。

图 7.14　AR/VR 国内专利有效性

7.4 专利申请人分析

7.4.1 全球专利主要申请人

图 7.15 显示了 AR/VR 领域全球主要申请人的专利申请量情况。可以看到，美国的 Magic Leap 以接近 1 200 件的申请量排名全球第一，申请量遥遥领先于其他申请人。排名第二的为韩国的三星，申请量为 781 件。美国的微软和谷歌分列第三、四位，申请量均在 600 件以上。日本的索尼排名第五。高通和 LG 的申请量接近，都在 440 件上下。来自中国的申请人歌尔、阿里巴巴和京东方排名第八至十位。

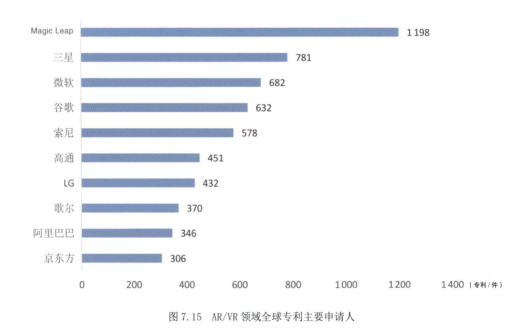

图 7.15　AR/VR 领域全球专利主要申请人

7.4.2 中国专利主要申请人

国内 AR/VR 的主要专利申请主体如图 7.16 所示，歌尔以将近 300 件的专利申请量排名第一，与第二名拉开了较大的差距。排名第二的是京东方，申请量为 211 件。深圳市虚拟现实与乐视分列第三、四名，申请量分别为 184 件与 183 件，十分接近。排名第五至八位的申请人是小鸟看看、深圳市掌网科技、腾讯、深圳哆咪。韩国的三星与美国的微软排名第九至十位。

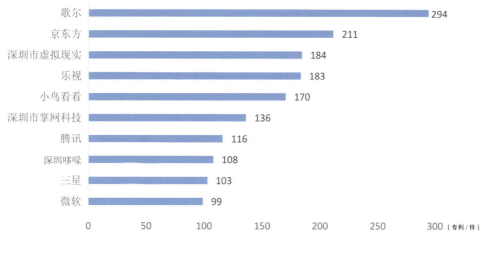

图 7.16　AR/VR 领域中国专利主要申请人

7.4.3　中国专利中国申请人与外国申请人宏观分析

如图 7.17 和图 7.18 所示,从申请趋势上看,国外申请人的专利申请数量虽然总量不多,但是起步较早,2008 年开始就进入逐步增长的状态。2011 年至 2015 年,增长速度比前一阶段更快。2016 年,申请量呈爆发性增长。国内申请人在 2014 年以前一直处于技术萌芽期,2015 年和 2016 年突然爆发,专利申请量呈现出指数级增长。

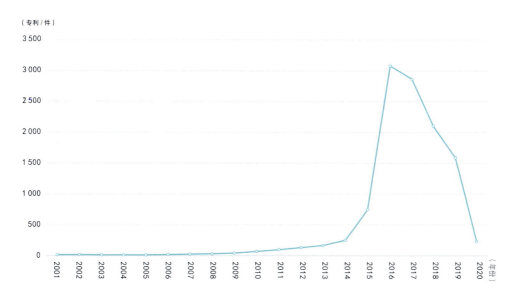

图 7.17　中国专利中国申请人申请趋势

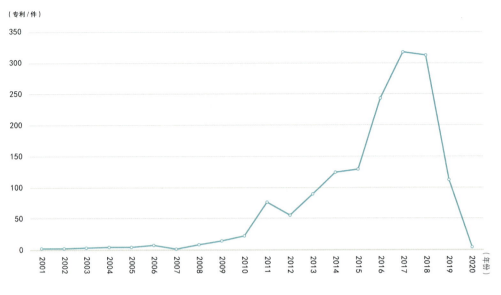

图 7.18 中国专利外国申请人申请趋势

如图 7.19 所示，对比中国专利申请的国内外申请人的法律状态，可以发现，从有效占比来看，国内申请人高于国外申请人接近 10 个百分点；审中占比则是国外申请人领先于国内申请人近 20 个百分点；失效占比则是国内申请人高出国外申请人约 10 个百分点。

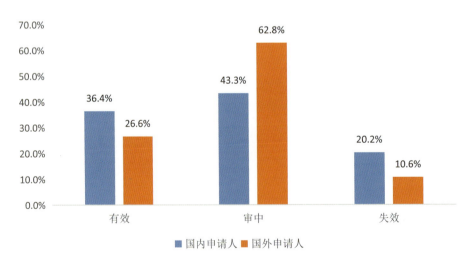

图 7.19 中国专利中外申请人法律状态对比

7.4.4 各技术分支全球主要申请人

7.4.4.1 AR领域全球主要申请人

如图7.20所示,在AR领域,排名第一的为Magic Leap,申请量高达1 087件,远远领先于其他申请人。微软和三星分列第二、三位,申请量在460件上下。高通和LG的申请量均超过了300件,分别为345件和308件。排名第六至十名的分别为IBM、索尼、谷歌、英特尔、泛泰。

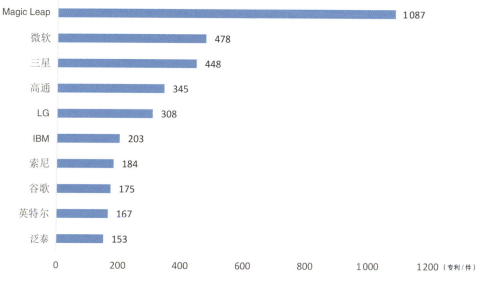

图7.20　AR全球主要申请人

7.4.4.2 VR 领域全球主要申请人

如图 7.21 所示，在 VR 领域，谷歌和 Magic Leap 排名前两位，其中谷歌以微弱的优势稍稍领先，二者的申请量分别为 525 件和 519 件。索尼、三星排名第三、四位，申请量均超过了 300 件。歌尔、Facebook 和微软的申请量在 250 件以上。京东方、乐视、LG 的申请量分别为 240 件、226 件和 225 件。

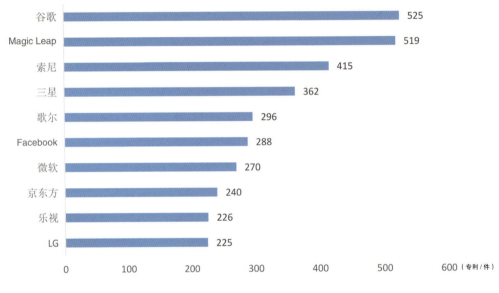

图 7.21　VR 全球主要申请人

7.5 世界知识产权组织 PCT 申请情况

7.5.1 世界知识产权组织 PCT 总体申请趋势

如图 7.22 所示，AR/VR 领域内的世界知识产权组织 PCT 申请共计 3 649 件，从 1994 年逐渐开始有世界知识产权组织 PCT 申请，2010 年以前的申请量都非常少。2010 年以后，领域内的世界知识产权组织 PCT 申请量大幅增长，尤其是 2016 年和 2017 年，呈现出爆发性的增长，2017 年的世界知识产权组织 PCT 申请量已经接近了 800 件。

如图 7.23 所示，领域内的世界知识产权组织 PCT 申请一直由美国申请人主导，其申请量一直保持领先。美国申请人的增长势头从 2011 年开始，2016 和 2017 年呈现出加速上扬的走势。中国申请人的世界知识产权组织 PCT 申请量从 2015 年进入高速增长的状态，2016 年的申请量与美国较为接近，但随后又被拉开了较大的差距。韩国申请人在 2017 年也有一定的申请量。

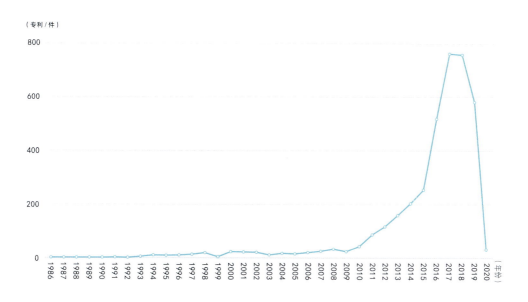

图 7.22 AR/VR 领域世界知识产权组织 PCT 总体申请趋势

图 7.23　AR/VR 领域根据申请人国别划分的世界知识产权组织 PCT 申请趋势

如图 7.24 所示，领域内的世界知识产权组织 PCT 申请主要来自美国申请人，占比高达约 48%，接近一半的比例。排名第二的为来自中国的申请人，占比约 18%，与美国的差距较大。排名第三的为韩国，占比也有约 12%。其他主要申请人还有日本、德国、英国、法国等国，所占比例均在 5% 以下。

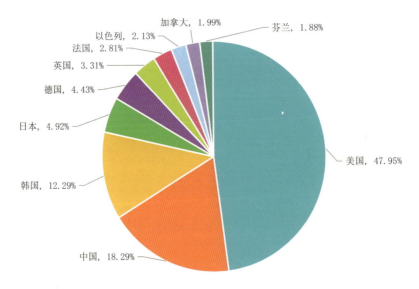

图 7.24　AR/VR 领域世界知识产权组织 PCT 申请来源国分布图

7.5.2 各技术分支世界知识产权组织 PCT 申请情况

如图 7.25 所示，AR 的世界知识产权组织 PCT 申请量有 2 082 件，比 VR 稍多，VR 的申请量则有 1 837 件。

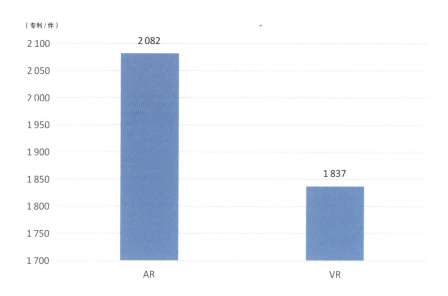

图 7.25 AR/VR 领域世界知识产权组织 PCT 各技术分支申请量

如图 7.26 所示，AR 领域的世界知识产权组织 PCT 申请相较于 VR 起步较早，2010 年就进入快速增长的阶段，2016 年以后更是加速上涨。VR 领域的世界知识产权组织 PCT 申请从 2014 年才开始进入快速上涨的阶段并直接呈现出指数级上涨，年申请量在 2016 年和 2017 年超越了 AR 领域。2018 年二者的申请量相差不大。

如图 7.27 所示，美国申请人在 AR 和 VR 领域的世界知识产权组织 PCT 申请量均处于领先地位。其中 AR 领域的优势更加明显。AR 领域，韩国申请人与中国申请人的申请量十分接近，韩国申请人稍稍领先。VR 领域，中国申请人的世界知识产权组织 PCT 申请量排名第二，与排名第三的韩国申请人拉开了一定的距离。

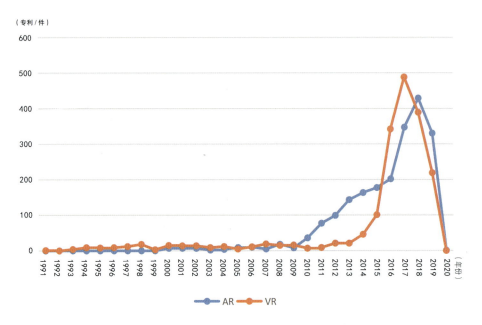

图 7.26　AR/VR 领域世界知识产权组织 PCT 各技术分支申请趋势

图 7.27　AR/VR 领域世界知识产权组织 PCT 各技术分支申请来源国数量

如图 7.28 所示，在 AR/VR 领域的世界知识产权组织 PCT 主要申请人中，微软排名第一，申请量为 139 件。谷歌和 Magic Leap 紧随其后，申请量分别为 117 件和 110 件。之后为韩国的三星与日本的索尼，申请量均较为接近，分别为 99 件和 96 件。排名第六至十位的分别为高通、英特尔、腾讯、诺基亚和京东方。整体来说，领域内的世界知识产权组织 PCT 申请美国申请人占据着巨大的优势，韩国、日本及中国申请人也有着一定的实力。

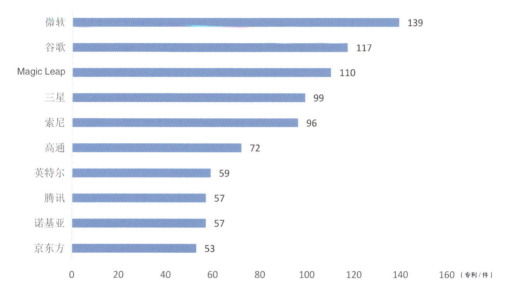

图 7.28　AR/VR 领域世界知识产权组织 PCT 主要申请人

7.6 核心专利申请情况

7.6.1 核心专利公开国（地区）及组织情况

截至 2020 年 5 月 21 日，全球在 AR/VR 领域的核心专利有 4 000 件（以打分排名选取各领域排名前 10% 的专利），如图 7.29 所示，在美国公开的核心专利数量全球最多，占比高达约 41%。其次为在中国公开的核心专利，占比也有约 30%。排名第三的韩国专利则有接近 8% 的比例。

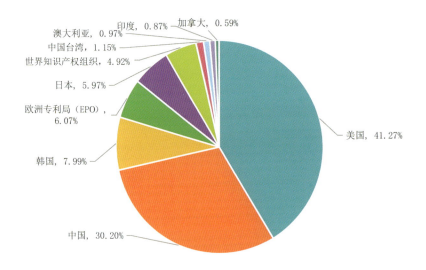

图 7.29 AR/VR 领域核心专利全球公开国别（地区）及组织分布

7.6.2 核心专利申请国（地区）情况

如图 7.30 所示，从 AR/VR 领域核心专利的申请人国别（地区）来看，美国申请人的核心专利数量排名第一，占比高达 48.55%，接近一半的比例，说明美国申请人在领域内的研发实力超群。中国申请人的核心专利数量排名第二，所占比例为 23.57%，与美国还有较大的差距。韩国申请人排名第三，占比只有 13% 左右。整体来看，美国申请人在 AR/VR 领域的优势十分明显。

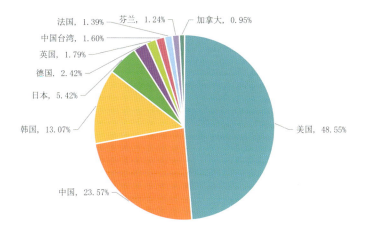

图 7.30 AR/VR 领域核心专利全球申请人国别（地区）分布

7.6.3 核心专利技术分布情况

如图 7.31 所示，美国公开的核心专利数量在 AR 和 VR 领域均排名第一，其中 AR 领域领先优势较大，是第二名的两倍之多。中国公开的核心专利数量在 AR 和 VR 领域均排名第二，其中 VR 领域与美国核心专利的数量相差不大。日本和韩国专利的数量在这两个领域均不多。整体来看，中美两国是 AR/VR 领域核心专利重点布局的区域。

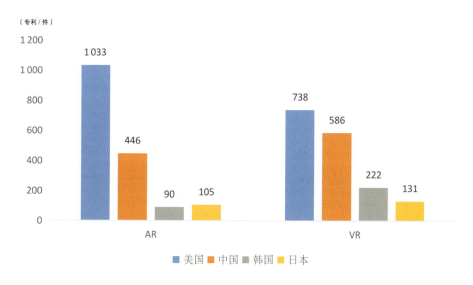

图 7.31 AR/VR 核心专利各技术分支全球专利公开国别分布

如图 7.32 所示,在 AR 领域,美国申请人的核心专利数量优势明显,达到了 1 134 件,领先排名第二的韩国申请人 5 倍之多,韩国申请人的核心专利数量为 195 件。中国申请人排名第三,核心专利数量 151 件,落后于美国及韩国申请人。在 VR 领域,中国申请人和美国申请人的核心专利数量相当,中国申请人稍占优势,中美两国申请人的申请量分别为 747 件和 721 件。韩国申请人排名第三,核心专利数量为 302 件。

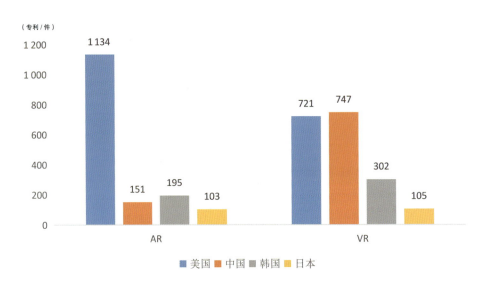

图 7.32　AR/VR 核心专利各技术分支全球专利申请人国别分布

7.6.4　核心专利主要申请人分布情况

7.6.4.1　AR/VR 整体核心专利主要申请人排名

如图 7.33 所示,按照核心专利申请量排名,在 AR/VR 领域,Magic Leap 的申请量排名第一,达到了 200 件。排名第二及第三的为微软和高通,核心专利数量分别为 149 件和 126 件。韩国的三星排名第四,申请量为 110 件。申请量超过 50 件的申请人还有索尼、谷歌、LG 和诺基亚。

7.6.4.2　AR 核心专利主要申请人排名

如图 7.34 所示,在 AR 领域,美国申请人在核心专利的数量上占据着绝对的优势。Magic Leap 以 131 件的申请量排名第一,微软以 20 件之差排名第二,高通排名第三,申请量也有 103 件。排名第四的为韩国的三星,申请量为 68 件,Empire 与索尼排名第五,申请量均为 49 件。排名第七至十位的申请人分别为 LG、诺基亚、Pantech、谷歌。

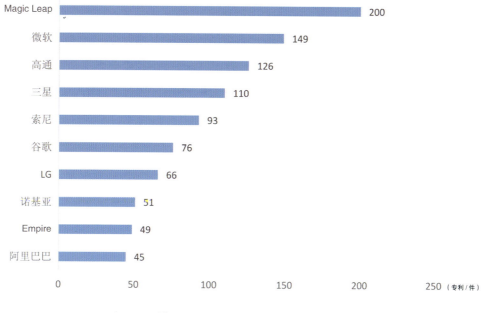

图 7.33　AR/VR 核心专利主要申请人

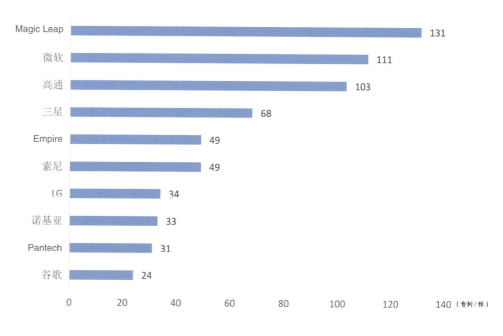

图 7.34　AR 核心专利主要申请人

7.6.4.3 VR核心专利主要申请人排名

如图7.35所示,在VR领域,核心专利申请量最多的为Magic Leap,数量为75件,排名第一。谷歌以54件的申请量排名第二。日本的索尼以44件的申请量排名第三,韩国的三星以2件之差紧随其后。阿里巴巴也有40件的申请量,排名第五。排名第六至十位的分别是微软、LG、Facebook、京东方和歌尔,申请量均在20件以上。

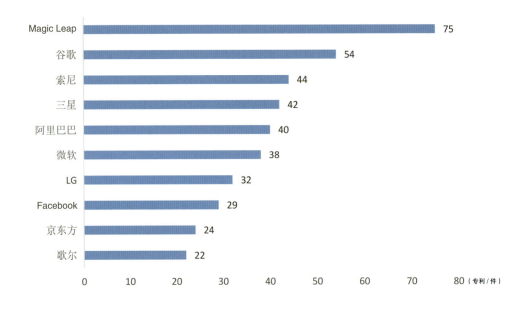

图7.35 VR核心专利主要申请人

7.7 总结

1. 近年来 AR/VR 领域处于高速发展的状态

领域内的研发始于 20 世纪 90 年代。2010 年至 2014 年，专利申请量进入快速增长的阶段。2015 年开始，申请量呈现出爆发性增长，特别是 2017 年，申请量激增。总体来看，近年来 AR/VR 领域处于高速发展的状态。

2. 中国是 AR/VR 领域全球最大的专利布局国，其次为美国和韩国

AR/VR 领域，目前中国的专利申请量最多，位居全球首位，其次为美国和韩国。整体来看，中国和美国是 AR/VR 技术的重要市场。对比领域内主要国家及地区的专利申请趋势，美国专利在 2011 年至 2015 年保持着领先地位。2016 年开始，中国专利的申请量激增，跃居世界第一。

3. 领域内，美国为全球最大的技术来源国，国内专利主要来源于广东和北京

从申请趋势上来看，美国申请人在 2016 年之前一直处于领先地位（2010 年例外）。中国申请人从 2015 年开始发力，并于 2016 年超越了美国申请人。从目前公开的数据来看，2018 年中美两国申请人的申请量十分接近。

AR/VR 领域，国内的研发主体主要集中在广东和北京。广东的申请量最多，超过了 3 000 件，北京的申请量也超过了 2 000 件。申请量超过 500 件的省市还有上海、江苏、浙江和山东。

4. 领域内美国申请人在海外布局专利的意识较强

领域内除了美国申请人以外，各国申请人均倾向于在本国布局专利，海外申请所占的比例较小。美国申请人除在本土申请专利外，在中国、WIPO、欧洲专利局和日本等地及组织均有一定量的专利申请。

5. 领域内 VR 的专利申请量相对 AR 较多

VR 领域的申请量有 21 752 件，比 AR 领域稍多，AR 领域则有 18 363 件的专利申请量。

从申请趋势上看，VR 领域的研究始于 20 世纪 90 年代，领域的申请量从 2014 年开始爆发，呈现出指数级上涨趋势，爆发力极强。相比之下，AR 起步较晚，从 21 世纪初开始有申请，2010 年以后进入快速发展的阶段，专利申请量逐年提升，但上涨速度没有 VR 那么快，从近年来的申请量上看也是 VR 占据着优势。

在 AR 领域，由美国公开的专利数最多，中国其次。在 VR 领域，中国专利数量遥遥领先，排名第二的为美国专利。从申请人国别排行来看，在 AR 领域，美国申请人的优势非常明显，排名第二的为中国申请人。在 VR 领域，中国申请人占据着一定的优势，美国申请人排名第二。

6. AR/VR 全球的重点申请人来自美、韩、日、中，Magic Leap 居全球第一，歌尔居国内第一

在 AR/VR 领域，美国的 Magic Leap 排名全球第一，申请量遥遥领先于其他申请人。排名第二的为韩国的三星，美国的微软和谷歌分列第三、四位。来自中国的申请人歌尔、阿里巴巴和京东方排名第八至十位。

国内申请人方面，歌尔和京东方排名前两位，深圳市虚拟现实与乐视分列第三、四名。韩国的三星与美国的微软也入围前十。

在 AR 领域，Magic Leap、微软、三星排名前三。在 VR 领域，谷歌、Magic Leap、索尼分列前三。

7. 领域内世界知识产权组织 PCT 专利主要来自美国和中国

领域内的世界知识产权组织 PCT 申请主要来自美国申请人，占比高达约 48%，接近一半的比例。排名第二的为来自中国的申请人，占比约 18%，与美国的差距较大。

从申请趋势上看，美国申请人的申请量一直处于前列，增长势头从 2011 年开始，2016 和 2017 年呈现出加速上扬的走势。中国申请人的世界知识产权组织 PCT 申请量从 2015 年开始进入高速增长的状态，2016 年的申请量与美国较为接近。

领域内 AR 的世界知识产权组织 PCT 申请量比 VR 稍多。美国申请人在 AR 和 VR 领域的世界知识产权组织 PCT 申请量均处于领先地位，其中 AR 领域的优势更加明显。在 AR 领域，韩国申请人与中国申请人的申请量十分接近，韩国申请人稍稍领先。在 VR 领域，中国申请人的世界知识产权组织 PCT 申请量排名第二，与排名第三的韩国申请人拉开了一定的距离。

在 AR/VR 领域的世界知识产权组织 PCT 主要申请人中，微软排名第一，谷歌和 Magic Leap 紧随其后。之后为韩国的三星与日本的索尼。排名第六至十位的分别为高通、英特尔、腾讯、诺基亚和京东方。

8. 领域内美国公开的核心专利最多，核心专利量最多的申请人为 Magic Leap

领域内在美国公开的核心专利数量最多，其次为中国，二者合计占比超过 70%。从核心专利的申请人国别来看，美国申请人的核心专利数量排名第一，接近一半的比例，说明美国申请人在领域内的研发实力超群。中国申请人的核心专利数量排名第二，与美国还有较大的差距。整体来看，美国申请人在 AR/VR 领域的优势十分明显。

美国公开的核心专利数量在 AR 和 VR 领域均排名第一，其中在 AR 领域领先优势较大，是第二名的两倍之多。中国公开的核心专利数量在 AR 和 VR 领域均排名第二，其中在 VR 领域与美国核心专利的数量相差不大。整体来看，中美两国是 AR/VR 领域核心专利重点布局的区域。

在 AR 领域，美国申请人的核心专利数量优势明显，领先排名第二的韩国申请人 5 倍之多。中国申请人排名第三。在 VR 领域，中国申请人和美国申请人的核心专利数量相当，中国申请人稍占优势。

按照核心专利申请量排名，在 AR/VR 领域，Magic Leap 的申请量排名第一。排名第二及第三的分别为微软和高通。韩国的三星排名第四。申请量超过 50 件的申请人还有索尼、谷歌、LG 和诺基亚。可以看出，核心专利主要申请人以国外申请人为主。

在 AR 领域，美国申请人在核心专利的数量上占据着绝对的优势。Magic Leap、微软和高通排名前三，前十中没有中国申请人。在 VR 领域，Magic Leap、谷歌和索尼分列前三，中国申请人阿里巴巴、京东方和歌尔入围前十。

附录

附录1：核心专利评价流程

核心专利的判别通过对一件专利选取一系列的有关技术、法律、市场的影响专利价值度的参数进行综合打分而获得，各类参数既包括国际普遍采用的评价指标，也包括根据中国专利保护特点总结出来的指标，既包括与专利本身直接相关的直接参数，也包括与申请人、代理机构和专利所属技术领域相关的间接参数。具体的评价参数如附录2所示。

本书中的核心专利判断方法采用IncOPAT专利检索数据库自带的专利价值度评价方法，该方法目前已由北京合享智慧科技有限公司向国家知识产权局申请了专利，该专利名称为"专利价值度评价方法和计算机可读存储介质"，公开号为CN108694462A。

下面具体地阐述该核心专利价值评价方法。该方法基于构建专利价值度评价模型。根据所构建的专利价值度评价模型对目标专利进行评价，以及根据对目标专利的评价结果来优化专利价值度评价模型。其中，构建专利价值度评价模型包括：选取影响专利价值度的参数；根据预设的专利价值度评价标准选取专利数据样本；基于所选取的专利数据样本建立体现所选取的参数与专利价值度之间关系的评价公式。

所构建的专利价值度评价模型包括第一模型以及与第一模型不同的第二模型。根据对目标专利的评价结果来优化专利价值度评价模型包括：将被第一模型和（或）第二模型评价为价值度在期望范围内的目标专利作为参考专利；利用所述参考专利来更新用于构建第一模型和（或）第二模型的专利数据样本。在根据所构建的专利价值度评价模型对目标专利进行评价之后，将评价结果进行归一化处理以转换成在预设范围内的评价分数值。

根据预设的专利价值度评价标准选取专利数据样本，包括：根据预设的专利价值度评价标准选取第一组专利数据样本和第二组专利数据样本。所述基于所选取的专利数据样本建立体现所选取的参与专利价值度之间关系的评价公式包括：计算所选取的参数在第一组专利数据样本中的分布；计算所选取的参数在第二组专利数据样本中的分布；计算所选取的参数在第一组专利数据样本中的分布与所选取的参数在第二组专利数据样本中的分布之间的比较结果；基于比较结果拟合所选取的参数与比较结果之间的关系式，作为体现所选取的参数与专利价值度之间的关系的评价公式。

基于所选取的专利数据样本建立体现所选取的参数与专利价值度之间关系的评价公式包括：提取参数的每个值所对应的专利；对每个值所对应的专利进行专利价值度评价，并基于评价结果来设定参数的该值对专利价值度的影响的权重；基于参数的各个值对专利价值度的影响的权重来获得体现参数与专利价值度之间关系的评价公式。根据所构建的专利价值度评价模型来评价专利组中的每件专利；对专利组中各件专利的评价结果进行数学运算以得到针对所述专利组的评价结果。

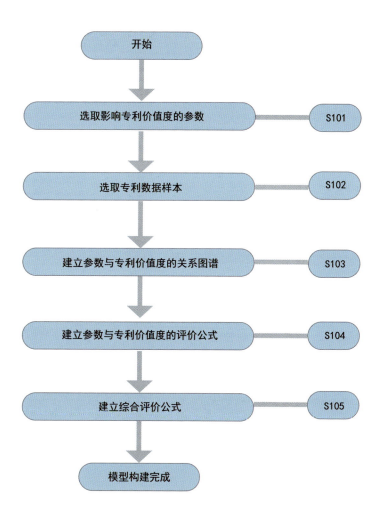

附图1.1 专利价值度评价模型构建流程图

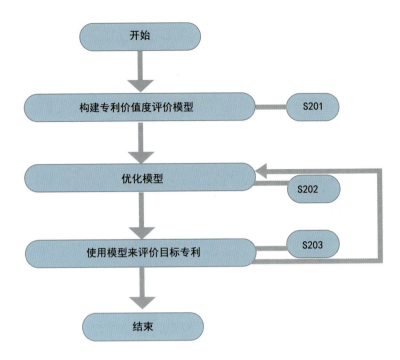

附图1.2 专利评价流程图

附录 2：核心专利评价体系

分类	参数名称	价值体现	指标价值体现及相关说明	中国专利文献特点说明	与专利价值的相关性
直接参数：撰写及申请、审查过程	权利要求数量	技术、法律、市场	一定程度反映权利稳定性、保护范围或保护的技术方案的数量	权利要求数量超过10个产生附加费，权利要求数量多数在10项以下，其中10项占比最多。高价值专利的权利要求的平均数量总体较普通专利多，但较发达国家高价值专利的平均数量低	强
	独立权利要求数量	技术、市场	一定程度反映专利的保护范围或保护的技术方案的数量	独立权利要求数量未做特殊要求，即独立权利要求的增加并不直接导致附加费的产生。高价值专利的独立权利要求的平均数量总体较普通专利多，但与发达国家相比，独立权利数量仍然偏低	强
	独立权利要求对应的从属权利要求数量	法律	一定程度反映权利稳定性或保护的技术方案的数量	第一独立权利对应的从属权利数量相对较多，其他对应的从属权利数量较少。高价值专利平均的从属权利数量较普通专利多，但与发达国家相比，数量仍然偏低	较强
	独立权利要求字数/技术特征数	市场	一定程度反映专利的保护范围注：需注意考虑例外情况，如马库什类权利要求	与发达国家相比，授权发明专利独立权利要求的字数及技术特征数相对较多，专利的保护范围相对较窄；专利申请及实用新型专利独立权利要求的字数或技术特征数量的关联性不明显	强
	授权前后的权利要求数量差（发明）	法律	一定程度反映权利范围缩小情况	授权后的平均权利要求数量少于授权前，但授权前后的权利要求数量差与专利价值的关联关系不明显	弱
	授权前后独立权利的字数/技术特征数量差（发明）	法律	一定程度反映权利范围缩小情况	授权后独立权利要求的平均字数/技术特征数量多于授权之前，但数量差值与专利价值的关联关系不明显	弱
	说明书页数	技术、法律	一定程度反映技术方案的复杂程度和权利稳定性	中国高价值专利说明书平均页数多于普通专利，但与发达国家相比仍然偏少	强
	说明书附图数量	技术、法律	一定程度反映技术方案的复杂程度和权利稳定性	中国高价值专利说明书平均附图数量多于普通专利，但与发达国家相比仍然偏少	较强
	技术方案新颖度	技术	一定程度反映专利的创新性。注：利用智能语义分析技术，根据说明书与最接近技术的相关度计算获得	中国高价值专利技术方案的新颖度高于普通专利，但与发达国家相比仍然偏低	较强

续表

分类	参数名称	价值体现	指标价值体现及相关说明	中国专利文献特点说明	与专利价值的相关性
直接参数：撰写及申请、审查过程	权利要求新颖度	技术、法律	一定程度反映专利的创新性。注：利用智能语义分析技术，根据权利要求与最接近技术的相关度计算获得	中国高价值专利权利要求的新颖度高于普通专利，但与发达国家相比仍然偏低	强
	专利年龄	技术	一定程度反映相关技术出现的时间早晚。注：此处的专利年龄指自申请日（或优先权日）起至今的时间长度，包括失效专利	与技术维度的专利价值关系呈现一定的正关联性，但与专利的综合价值的关联关系不明显	弱
	权利恢复请求情况	市场	一定程度反映专利对申请人或权利人的重要性。注：该指标一方面反映申请人或权利人在专利申请或管理方面可能存在问题，另一方面说明该专利可能对申请人或权利人具有重要意义	权利恢复请求情况与专利价值的关联关系不明显（略呈现两极分化情况）	一般
	审查时长	法律	一定程度反映专利的稳定性。注：注意区分影响审查时长的因素（专利的类型；专利本身的稳定性；申请人获得专利权的目的、对专利本身的重视程度和应对专利审查的策略；是否经历复审程序等）	影响审查时长的原因比较复杂，与专利价值的关联关系不明显	一般
	专利类型	技术、法律、市场	一定程度反映专利的创新性、权利稳定性、技术先进性和申请人对该技术方案的重视程度。注：注意区分发明专利的授权文本和公开文本	授权发明专利在高价值专利中的占比明显较普通专利高	强
直接参数：技术来源及技术影响	专利（或专利家族）被引证数量	技术、市场	一定程度反映专利文献本身对后续技术或市场的影响力。注：①注意应考虑被引证专利的申请时间（申请时间较早的专利，被引证的概率相对也较高）；②应考虑区分自引和他引情况	中国专利的申请人没有强制披露引证文件的义务，造成中国专利（或专利家族）的被引证数量与美国等发达国家相比，明显偏低；中国高价值专利（或专利家族）被引证数明显高于普通专利	强
	专利（或专利家族）的引证数量	技术	一定程度反映专利技术与现有技术的关联情况	中国专利的申请人没有强制披露引证文件的义务，造成专利的引证数量明显低于美国等发达国家；中国高价值专利的引证数量高于普通专利的引证数量，关联性一般	一般

续表

分类	参数名称	价值体现	指标价值体现及相关说明	中国专利文献特点说明	与专利价值的相关性
直接参数：技术来源及技术影响	专利（或专利家族）引证专利的IPC分类数量	技术	一定程度上反映专利技术涉及的技术领域	引证专利的IPC分类数量与引证专利的数量具有直接的关联关系，由于中国专利的平均引证数量较少，相应的IPC分类数量也较少。中国高价值专利引证专利的IPC分类数量高于普通专利的引证数量，关联性一般	一般
	专利（或专利家族）被引证专利的IPC分类数量	市场	一定程度上反映技术方案应用领域的广泛程度	被引证专利的IPC分类数量与引证专利的数量具有直接的关联关系，由于中国专利的平均被引证数量较少，相应的IPC分类数量也较少。中国高价值专利被引证专利的IPC分类数量高于普通专利的引证数量，关联性一般	一般
	引证文献的平均年龄	技术、市场	一定程度反映了专利技术相关技术的起源时间。注：该指标是专利所引用的参考文献的中值年龄	中国高价值专利引证文献的平均年龄较普通专利低	一般
	所属技术领域	技术、市场	一定程度反映专利技术的新兴度和技术热度	中国不同的技术领域高价值专利的分布并不均衡，热点技术领域的高价值专利占比较高；与国外相比，中国的高价值专利较多地集中于应用层面	较强
直接参数：专利布局	简单同族的数量	技术、市场	一定程度反映专利的布局情况。注：注意区分本国同族和他国同族，本国同族更偏重反映技术的演进情况，他国同族更偏重反映保护地域的布局情况	中国专利存在部分非正常申请情况（特点：仅在中国布局，专利内容雷同；目前中国申请人在国外布局的专利数量较少），同族数量较多的专利的价值呈现两极分化情况	强
	扩展同族的数量	技术、市场			强
	简单同族专利的布局国家数量	市场	一定程度反映专利应用地域的布局情况和专利对申请人的保护价值	目前中国申请人在国外平均布局的国家数量明显较发达国家少；中国高价值专利的布局国家数量明显较普通专利多	强
	扩展同族专利的布局国家数量	市场			强
	海外同族专利的审查、授权情况	法律	一定程度反映专利的稳定性（主要适用于未审结的发明专利申请）	中国高价值发明专利申请的海外同族专利的授权率较中国普通专利高，但较发达国家的海外专利的授权率低	强
	同族专利的诉讼情况	市场	一定程度反映专利的市场竞争情况	中国高价值专利的同族专利发生诉讼的概率较中国普通专利高，但较发达国家低	强

续表

分类	参数名称	价值体现	指标价值体现及相关说明	中国专利文献特点说明	与专利价值的相关性
直接参数：专利布局	同族专利的无效情况	法律、市场	一定程度反映专利的市场竞争情况和专利的稳定性	中国高价值专利的同族专利经历无效宣告程序的概率较中国普通专利高，但较发达国家低	强
	同族专利的转让或许可情况	市场	一定程度反映专利的实施应用情况和市场竞争情况	中国高价值专利的同族专利经历转让或许可的概率较中国普通专利高，但较发达国家低	强
直接参数：权利范围及有效性	专利有效性	技术、法律	一定程度反映专利技术的稳定性和对申请人的价值	中国的实用新型专利未经实审，不能直接从有效性判断专利的稳定性；中国授权发明专利的价值度明显较审中或失效专利的价值度高	强
	失效原因	技术、法律、市场	一定程度反映专利的稳定性或对申请人或权利人的价值。注：应针对不同失效原因分别进行分析，如驳回和因要求本国优先权视为撤回、宣告无效和未缴年费终止、申请人为规避重复授权而放弃、专利保护期限届满终止的情况应区别对待	中国授权专利（包括高价值专利）失效的原因多数为未缴年费终止；高价值专利届满终止的数量占比较普通专利高，但较发达国家低	强
直接参数：专利管理和维持情况	专利寿命	技术	一定程度反映技术对申请人的重要度。注：专利寿命仅针对失效后的授权专利（注意专利寿命包含专利审查时长）	中国授权失效专利（包括高价值专利）的专利寿命较发达国家短；高价值授权失效专利的平均寿命较普通专利长	较强
	授权专利权利维持的时长	技术、市场	一定程度反映技术对申请人的重要度	中国专利维持的时长与中国专利年费的缴费规定及中国专利减免的政策规定有关，与各地的专利资助政策也有一定关系。考虑到目前中国专利申请审查期间不必缴纳维持费，相对于专利寿命，专利授权后实际缴费维持的年限更能反映专利对申请人的重要程度。中国高价值的授权专利维持时长明显高于普通专利，但较发达国家的高价值专利仍有差距	较强
	剩余有效期	市场	反映专利权利理论上可维持的时间，进而一定程度上反映专利的剩余价值。注：①本指标仅针对授权有效专利；②剩余有效期对高价值专利和低价值专利的影响不同，应赋予不同的权重	对于中国专利，单纯剩余有效期的指标并不能明显反映其与专利价值的直接关系，但对专利价值进行初步分级后，再进行分析，可以看出高价值专利的剩余有效期相对较长	一般

续表

分类	参数名称	价值体现	指标价值体现及相关说明	中国专利文献特点说明	与专利价值的相关性
直接参数：合作情况	发明人数量	技术	一定程度反映申请人的技术投入。 注：重点对高价值专利适当加权	发明人是否属实一般不会影响中国专利的有效性，出于各种原因，中国专利存在实际发明人与专利文献所列发明人不一致的情况。对于中国专利，发明人数量与专利价值的关联关系不明显（对于高价值专利的影响更加明显）	较弱
	共同申请人数量	技术、市场	一定程度反映专利技术的技术投入和对市场的影响力。 注：①应区分机构内部合作/外部合作，还应考虑合作申请人类型（校企、企企、个人等）；②高价值专利适当加权	中国专利的费用减免制度对共同申请人的类型和数量有一定影响。中国高价值专利的外部合作的共同申请人占比明显较多（内部合作对专利价值的影响不明显）	较强
	申请人类型	技术、市场	一定程度反映技术创新程度和市场应用情况。 注：①应区分申请人类型（经营实体、非经营实体、个人）；②可根据综合价值评价结果适当加权	中国专利申请人类型中，个人专利（非职务申请）的占比较发达国家高；中国个人专利的高价值专利占比较企业和科研院所少	较强
直接参数：运营情况	专利的许可情况	市场	一定程度反映技术的市场应用情况。 注：①应区分是否是关联公司内部的许可（即内部许可和外部许可）；②注意不同的许可类型（普通、排他、独占）体现的价值的差别；③注意当前的法律状态（是否有效、是否解除备案）	中国专利许可备案并不强制登记（只是不登记不可对抗第三人），存在未登记备案的专利许可情况，因此不能完全真实反映实际的许可情况。此外，因缺乏专利许可数额的有效获取渠道，不能就专利许可数额进行价值度评价。就现有文献提供的数据分析，中国高价值专利的许可比例明显高于普通专利	强
	专利的转让情况	市场	一定程度反映技术的市场应用情况。 注：应区分是否是关联公司内部的转让（即内部转让和外部转让）	中国专利存在部分非正常目的（如高新技术企业评定、项目立项、评奖、职称评定等）的转让行为，因此转让行为不能完全真实反映专利的实际价值。此外，内部转让有时出于公司战略运营目的而非市场运营，往往也不能与专利的实际价值完全对应；但对外转让的高价值专利占比明显比普通专利高	强
	专利的质押情况	技术、市场、法律	一定程度反映专利技术的先进性、稳定性和应用价值。 注：注意当前的法律状态（是否有效、是否解压）	存在内部质押未登记的情形。总体来看，中国高价值专利的质押比例明显比普通专利高	较强
	海关备案情况	市场	一定程度反映专利技术的市场情况和对专利权人的价值。 注：注意备案专利当前的状态（是否有效、是否解除备案）	中国高价值专利的海关备案比例明显比普通专利高	较强

续表

分类	参数名称	价值体现	指标价值体现及相关说明	中国专利文献特点说明	与专利价值的相关性
直接参数：争议纠纷情况	诉讼	市场	一定程度反映了专利的市场竞争情况。注：①注意区分专利当前的有效性；②注意诉讼结果（胜诉/败诉、赔偿金额等）	随着中国申请人维权意识的增强和侵权诉讼平均赔偿金额提升，发生诉讼的中国专利数量呈上升趋势。中国高价值专利发生诉讼的比例明显高于普通专利	强
	同族专利的诉讼情况	市场	一定程度反映了专利的市场竞争情况。注：注意区分专利有效性	中国高价值专利的同族专利发生诉讼的比例高于普通专利	较强
	无效	法律、市场	一定程度反映了专利的市场竞争情况和权利的稳定性。注：①注意区分无效结果（全部维持有效、部分无效和全部无效）；②注意关注是否有相应诉讼及诉讼结果	中国高价值专利的发生无效宣告事件的比例明显高于普通专利	强
	同族专利的无效情况	法律、市场	一定程度反映了专利的市场竞争情况和专利的有效性。注：①注意区分无效结果；②注意关注是否有相应诉讼及诉讼结果	中国高价值专利的同族专利发生无效宣告事件的比例高于普通专利	较强
	复审	法律、市场	一定程度反映了专利的权利稳定性和对申请人的重要性。注：需根据专利复审的结果判断	中国高价值专利提出复审请求的的比例明显高于普通专利	强
间接参数：申请人因素	申请人综合技术先进性指数	技术、法律	一定程度反映了专利的技术先进性和权利稳定性。注：综合指标，根据申请人的历史专利数据指标大数据综合评价得出，可参考申请人综合的专利强度	中国高价值专利申请人的综合技术先进性指数高于普通专利	较强
	申请人技术关联性	技术、法律、市场	一定程度反映了申请人在技术方面的整体实力和布局情况。注：申请人的技术关联性包括：①相关的专利数量（可通过同族专利、发明人关系、关键词、分类号等常规检索方式结合智能语义分析获得）；②技术的成熟和应用情况（可通过如是否有更贴合应用或产业化的专利——包括外观设计专利判断）；③相关专利的布局情况（包括产业链布局和地域布局等）	中国高价值专利申请人的技术关联性指标高于普通专利	较强

续表

分类	参数名称	价值体现	指标价值体现及相关说明	中国专利文献特点说明	与专利价值的相关性
间接参数：申请人因素	申请人综合专利申请质量指数	技术 法律	一定程度反映了专利的技术稳定性和保护范围。注：综合指标，根据申请人的历史专利数据指标综合评价得出	中国高价值专利申请人的综合专利申请质量指数高于普通专利	较强
	申请人综合运营能力指数	市场	一定程度反映了专利的市场运营价值。注：综合指标，根据申请人的历史专利数据指标综合评价得出	中国高价值专利申请人的综合运营能力指数高于普通专利	较强
	申请人综合攻击性指数	法律	一定程度反映了专利可能面临的侵权诉讼的发生概率。注：综合指标，根据申请人的历史专利数据指标综合评价得出	中国高价值专利申请人的综合攻击性指数高于普通专利	较强
间接参数：专利代理因素	专利代理机构综合专利申请质量指数	法律、市场	一定程度反映了专利的撰写质量和专利对申请人的重要程度。注：综合指标，根据代理机构的历史专利数据指标综合评价得出	中国高价值专利的专利代理机构综合专利申请质量指数高于普通专利	较强
	专利代理人综合专利申请质量指数	法律、市场	一定程度反映了专利的撰写质量。注：综合指标，根据代理人的历史专利数据指标综合评价得出	存在著录项目中列明的代理人与实际专利申请的撰写人不完全相符的情况；中国高价值专利的专利代理人综合专利申请质量与专利价值度有一定关联，但不是十分显著	一般
间接参数：发明人因素	发明人综合专利申请质量指数	技术	一定程度反映了专利的技术先进性和权利稳定性。注：综合指标，根据发明人的历史专利数据指标综合评价得出	存在著录项目中列明的发明人与实际发明人不完全相符的情况；中国高价值专利的发明人综合专利申请质量指数高于普通专利	较强
间接参数：行业或技术因素	技术关联度	技术、市场	一定程度反映了专利技术的行业地位或应用范围。注：可以通过对专利的引证关系和IPC分类的同在关系进行大数据分析获得	中国高价值专利的技术关联度指标高于普通专利	较强
	技术新兴度	技术、市场	一定程度反映了专利技术相关技术的起源时间和发展趋势。注：可根据技术最早出现的时间、平均专利年龄、当前专利数量及发展等趋势获得	中国高价值专利的技术新兴度指标高于普通专利	较强
	技术热度	技术、市场	一定程度反映专利技术的发展趋势和市场应用情况。注：可根据当前所属IPC分类号或国民经济行业的申请人数量和专利数量获得	中国高价值专利的技术热度指标高于普通专利	较强

续表

分类	参数名称	价值体现	指标价值体现及相关说明	中国专利文献特点说明	与专利价值的相关性
间接参数：行业或技术因素	对抗及运营热度	市场	一定程度反映该领域技术创新对市场的影响度。 注：对抗及运营热度根据当前专利无效、诉讼等对抗行为及专利许可、转让、质押等运营行为发生的频率及造成的影响（涉及的申请人、影响的地域范围、涉案的金额）等得出	中国高价值专利的对抗及运营热度指标高于普通专利	较强
	技术生命周期	技术、市场	一定程度反映专利技术的发展趋势和市场应用情况。 注：可根据所属IPC分类号或国民经济行业的申请人数量和专利数量随时间变化的发展趋势获得	中国高价值专利的技术生命周期较多集中于成长期和成熟期	较强
其他间接参数	单个专利的初步价值评价指标	技术、法律、市场	初步反映专利的综合价值。 注：可通过利用其他指标的价值模型获得，用于对相关指标进行精确优化	中国高价值专利的初步价值评价指标高于普通专利	辅助指标

附录 3：专利申请人关联公司表

附表 3.1　夏普申请人关联公司详细表

关联公司
Sharp Kabushiki Kaisha
夏普株式会社
Sharp Corporation
夏普公司
Sharp Laboratories of America Inc.
Sharp KK Osaka JP
Sharp Gabu Sikigayisya
Sharp Gary D

附表3.2　日立申请人关联公司详细表

关联公司
Hitachi Ltd.
株式会社日立显示器
日立制作所股份有限公司
株式会社日立制作所
Hitachi Chemical Co., Ltd.
Hitachi Seisakusho KK
Hitachi Device Engineering Co., Ltd.
日立显示器股份有限公司
日立装置工程股份有限公司
日立民用电子株式会社
Hitachi Consumer Electronics Co., Ltd.
Hitachi Cable Ltd.
日立化成工业株式会社
株式会社日立高新技术
Hitachi Maxell Ltd.
Hitachi Video Information System Inc.
Hitachi Electronic Devices Co., Ltd.
株式会社日立工业设备技术
日立コンシューマエレクトロニクス株式会社
Hitachi Electron Devices KK
Hitachi Video Eng Co., Ltd.
Hitachi High- Corporation

续表

关联公司
日立器件工程株式会社
Hitachi Ulsi Systems Co., Ltd.
株式会社日立高科技
Hitachi Electron Eng Co., Ltd.
Hitachi Industries Co., Lld.
日立产业有限公司
Hitachi Co., Ltd.
Hitachi Gazo Joho Syst KK
日立麦克赛尔株式会社
Hitachi Plant Technologies Ltd.
日立化成株式会社
日立金属株式会社
Hitachi Ltd. Tokio/Tokyo JP
Hitachi Display Ltd.
Hitachi Lighting Ltd.
Hitachi Maikuro Computer Engineering KK
日立数字映像（中国）有限公司
Hitachi Ulsı Sys Co., Ltd.
日立装置工程株式会社
Hitachi Debaisu Enjiniaringu KK
Hitachi Micro Comput Eng Ltd.
日立画像情报方式股份有限公司
Hitachi High Tech Elect Eng Co.

续表

关联公司
Hitachi High Technologies Corporation
Hitachi Ltd. and Hitachi Device Engineering Co., Ltd.
Merck Patent Gmbh
富士通日立等离子显示器股份有限公司
日立化成工业股份有限公司
日立麦克赛尔股份有限公司
Hitachi Chem Dupont Microsys
Hitachi Haramachi Semiconductor Ltd.
Hitachi Manufactory KK
Hitachi Metals Ltd.
日立电线株式会社
Hitachi Computer Electron Co., Ltd.
Hitachi Electron Devices Co., Ltd.
Hitachi Eng Co., Ltd.
Hitachi High Technologies Corp
Hitachi Kiden Kogyo KK
Hitachi Ltd. Tokio
日立全球先端科技股份有限公司
日立显示器件股份有限公司
日立电子设计股份有限公司
Hitachi Automotive Engineering Co., Ltd.
Hitachi Denshi Ltd.
Hitachi Kasei Techno Plant KK

续表

关联公司
Hitachi Techno Eng
日立创新工业科技股份有限公司
日立电子系统股份有限公司
日立电子设备株式会社
日立粉末冶金株式会社
Hitachi Global Storage Technologies Netherlands BV
Hitachi KK
Hitachi Micro Software Syst Co., Ltd.
Hitachi Netsukigu KK
Hitachi Nisshin Electron KK
Hitachi Process Computer Engineering Inc.
Hitachi Works Co.
日立民用电子股份有限公司
日立电线精密技术株式会社
Hitachi Appliances Inc.
Hitachi Construction Machinery
Hitachi Displays Devices Ltd.
Hitachi Displays Inc.
Hitachi Electrionic Devices Co., Ltd.
Hitachi Electron Debaishizu KK
Hitachi Electronics
Hitachi Kiden Kogyo Ltd.
Hitachi Kokusai Electric Inc.

续表

关联公司
Hitachi Ltd. Dainippon Ink Chemicals
Hitachi Iruma Denshi KK
Hitachi Mfg KK
Hitachi Microcomputer Syst
Hitachi Seisakuso Co., Ltd.
Hitachi Video Engineering Inc.
Hitachi Vlsi Eng Corp
日东电工股份有限公司
日立化成杜邦微系统股份有限公司
日立映像工程股份有限公司
日立视听媒介电子股份有限公司
株式会社日立プラントテクノロジー
青岛海信日立空调系统有限公司

附表3.3　精工爱普生申请人关联公司详细表

关联公司
Seiko Epson Corporation
精工爱普生株式会社
精工爱普生股份有限公司
雅考埃普森股份有限公司
Seiko Epson Corp Tokio/Tokyo JP
Seiko Epson Kabushiki Kaisha
Seiko Epson CorpMitsubishi Chem Corp
精工爱普生股份株式会社
雅考埃普森株式会社
세이코 엡슨 가부시키가이샤 (Seiko Epson Corporation) 아이자와 스스무

附表 3.4 东芝申请人关联公司详细表

关联公司
Toshiba Corp
Toshiba Mobile Display Co., Ltd.
Toshiba KK
东芝股份有限公司
Toshiba Electronic Eng
东芝株式会社
Toshiba Lighting Technology
东芝松下显示技术股份有限公司
东芝松下显示技术有限公司
Toshiba Materials Co., Ltd.
Toshiba Kawasaki KK
Toshiba Electronic Engineering Corp
Toshiba Ave KK
Toshiba Ave Corp
东芝高新材料公司
Toshiba Electronic Device Eng
哈利盛东芝照明株式会社
Toshiba Mobile Display Co., Ltd.
Toshiba Audio Video Eng Corp
东芝移动显示器有限公司
Toshiba Electron Device Eng Corp
东芝照明技术株式会社
Toshiba Audio Video Eng
Toshiba Electric Equip Corp

续表

关联公司
Toshiba Lighting Technology Corporation
哈利盛东芝照明公司
Toshiba Lsi System Support KK
Toshiba Microelectronics Corp
Toshiba Micro Electron KK
Toshiba Micro Electron Corp
东芝机械株式会社
东芝照明技术股份有限公司
哈利盛东芝照明股份有限公司
Harison Toshiba Lighting Kabushiki Kaisha
Harison Toshiba Lighting Corporation
东芝移动显示器股份有限公司
Kabushiki Kaisha Toshiba Kawasaki Kanagawa JP
Toshiba Tec Kabushiki Kaisha
Toshiba Denshi Device Eng KK

附表 3.5 富士申请人关联公司详细表

关联公司
Fuji Photo Film Co., Ltd.
富士胶片株式会社
Fujifilm Corporation
富士软片股份有限公司
Fuji Xerox Co., Ltd.
富士照相软片股份有限公司
富士フイルム株式会社
Fuji Photo Optical Co., Ltd.
Fuji Electric Co., Ltd.
Fujifilm Holdings Corp
Fuji Machine Mfg
Fujifilm Arch Co., Ltd.
上海广电富士光电材料有限公司
富士写真光机株式会社
富士迈半导体精密工业（上海）有限公司
Fuji Heavy Ind Ltd.
富士胶片电子材料有限公司
Fuji Shashin Koki KK
Fuji Jukogyo Kabushiki Kaisha
Fuji Xerox Co., Ltd. /JP
Fujifilm Electronic Materials
Sano Fuji Koki Co., Ltd.
Fuji Photo Film Co., Ltd. Minami Ashigara Kanagawa JP
Fuji Ps Concrete
Fujifilm Olin Co., Ltd.

附表 3.6　群创光电申请人关联公司详细表

关联公司
群创光电股份有限公司
Chimei Innolux Corporation
Innolux Corporation
Innolux Display Corporation

附表 3.7　龙腾光电申请人关联公司详细表

关联公司
昆山龙腾光电有限公司
昆山龙腾光电股份有限公司
Infovision Optoelectronics (Kunshan) Co., Ltd.
Infovision Optoelectronics Holdings Limited
龙腾光电控股有限公司
Infovision Optoelect Kunshan
Infovision Optoelectronics Co., Ltd.

附表 3.8　三星申请人关联公司详细表

关联公司
Samsung Display Co., Ltd.
Samsung SDI Co., Ltd.
Samsung Mobile Display Co., Ltd.
三星显示有限公司
三星 SDI 株式会社
三星显示器有限公司
三星移动显示器株式会社
三星电子株式会社
三星移动显示器股份有限公司
Samsung Corning Precision Materials Co., Ltd.
三星 SDI 股份有限公司
三星电子股份有限公司
Samsung Electro Mechanics Co., Ltd.
Samsung Nec Mobile Display Co., Ltd.
Samsung Everland Inc.
Samsung NEC Mobile Display Co.
三星康宁精密素材株式会社
Samsung OLED Co., Ltd.
Samsung Display Devices Co., Ltd.
Samsung NEC Mobile Display
Samsung R&D Institute Japan Co., Ltd.
三星日本电气移动显示株式会社
Samsung SDI Germany Gmbh
三星钻石工业股份有限公司

续表

关联公司
Samsung Corning Co., Ltd.
Samsung Electro Mech
Samsung Mobile Display Co., Ltd. Kyonggi Yongin KR
Samsung Techwin Co., Ltd.
日商三星钻石工业股份有限公司
Samsung Corning Precmat Co.
Samsung Corning Precision Glass Co., Ltd.
Samsung Elektroniks Ko Ltd.
Samsung Fine Chemicals Co., Ltd.
三星 SDI 德国有限责任公司
三星康宁精密素材股份有限公司
三星钻石工业株式会社
Samsung Corning Advanced Glass LLC
Samsung Electronic Devices
Samsung Electronics Company Limited
Samsung Esudiai Company Limited
Samsung Gwangju Electronics Co., Ltd.
三星半导体（中国）研究开发有限公司
三星宝石工业株式会社
三星电机株式会社

附表 3.9　LG 申请人关联公司详细表

关联公司
LG Display Co., Ltd.
LG Electronics Inc.
乐金显示有限公司
LG Philips LCD Co., Ltd.
株式会社 LG 化学
LG Chemical Ltd.
LG 飞利浦 LCD 株式会社
LG 化学股份有限公司
LG Innotek Co., Ltd.
LG 电子株式会社
LG 化学株式会社
乐金显示科技股份有限公司
LG 化学公司
LG 显示器股份有限公司
LG 化学股份有限公司
LG 飞利浦股份有限公司
LG 飞利浦液晶显示股份有限公司
LG 电子有限公司
LG Electronics Co., Ltd.
LG 伊诺特有限公司
LG 飞利浦 LCD 有限公司

续表

关联公司
LG Hausys Ltd.
LG 电子股份有限公司
LG chemical Co., Ltd.
LG Chem Investment Ltd.
LG Display Co., Ltd. Seoul KR
LG Philips LCD Co., Ltd. Seoul/Soul KR
韩商 LG 伊诺特股份有限公司
LG Electronics Ltd.
LG 电子株式会社
乐金电子（中国）研究开发中心有限公司
LG Electronic Inc.
LG Electronics Corp
LG Micron Ltd.
LG Philips Co., Ltd.

附表 3.10　京东方申请人关联公司详细表

关联公司
京东方科技集团股份有限公司
Boe Technology Group Co., Ltd.
成都京东方光电科技有限公司
Beijing Boe Optoelectronics Technology Co., Ltd.
Chengdu Boe Optoelectronics Technology Co., Ltd.
北京京东方光电科技有限公司
Hefei Xinsheng Optoelectronics Technology Co., Ltd.
北京京东方显示技术有限公司
Beijing Boe Display Technology Co., Ltd.
Hefei Boe Optoelectronics Technology Co., Ltd.
合肥京东方光电科技有限公司
福州京东方光电科技有限公司
重庆京东方光电科技有限公司
Boe Hydis Technology Co., Ltd.
合肥京东方卓印科技有限公司
Chongqing Boe Optoelectronics Technology Co., Ltd.
绵阳京东方光电科技有限公司
Fuzhou Boe Optoelectronics Technology Co., Ltd.
北京京东方技术开发有限公司
重庆京东方显示技术有限公司
北京京东方茶谷电子有限公司
京东方显示器科技公司
合肥京东方显示光源有限公司
合肥京东方显示技术有限公司
Beijing Boe Chatani Electronics Co., Ltd.
Boe Optical Science and Technology Co., Ltd.
京东方光科技有限公司

续表

关联公司
Beijing Boe Multimedia Technology Co., Ltd.
Beijing Boe Optoelectronics
Beijing Boe Techology Development Co., Ltd.
Hefei Boe Display Technology Co., Ltd.
Mianyang Boe Optoelectronics Technology Co., Ltd.
武汉京东方光电科技有限公司
Beijing Optoelectronic Technology Co., Ltd. Chengdu Dongfang
Boe (Hebei) Mobile Display Technology Co., Ltd.
Boe Hyundai LCD Inc.
Hefei Boe Display Lighting Co., Ltd.
京东方（河北）移动显示技术有限公司
京东方现代（北京）显示技术有限公司
成都京东方车载显示技术有限公司
Chengdu Boe Technology Group Co., Ltd.
Hefei Boe Vision Electronic Technology Co., Ltd.
北京京东方专用显示科技有限公司
北京京东方多媒体科技有限公司
北京京东方视讯科技有限公司
厦门京东方电子有限公司
合肥京东方视讯科技有限公司
重庆京东方显示照明有限公司

附表 3.11　华星光电申请人关联公司详细表

关联公司
武汉华星光电半导体显示技术有限公司
Shenzhen China Star Optoelectronics Technology Co., Ltd.
Wuhan China Star Optoelectronics Semiconductor Display Technology Co., Ltd.
深圳市华星光电技术有限公司
深圳市华星光电半导体显示技术有限公司
Shenzhen China star Optoelectronics Semiconductor Display Technology Co., Ltd.
Wuhan China Star Optoelectronics Technology Co., Ltd.
武汉华星光电技术有限公司
TCL 华星光电技术有限公司
惠州市华星光电技术有限公司
Huizhou China Star Optoelectronics Technology Co., Ltd.
TCL China Star Optoelectronics Technology Co., Ltd.
Wuhan China Star Optoelectronics Display Technology Co., Ltd.
Wuhan China Star Otpoelectonics Semiconductor Technology Co., Ltd.

附表 3.12 飞利浦申请人关联公司详细表

关联公司
LG Philips LCD Co., Ltd.
Koninklijke Philips Electronics NV
皇家飞利浦电子股份有限公司
Philips Intellectual Property&Standards Gmbh
LG 飞利浦 LCD 株式会社
Koninklijke Philips NV
皇家飞利浦有限公司
Philips Electronics Koninkurekka VI Corporation
LG 飞利浦股份有限公司
LG 飞利浦液晶显示股份有限公司
Philips Lighting Holding BV
LG 飞利浦 LCD 有限公司
US Philips Corporation
Philips Deutschland Gmbh
皇家飞利浦电子有限公司
Philips Electronics NV
Philips Gmbh
Philips Patentverwaltung Gmbh
Philips Svenska AB
Philips Yen Konin Cleveland Kerala V
皇家飞利浦电子公司
Philips Corporate Intellectual Property Gmbh
Philips Norden AB

续表

关联公司
飞利浦灯具控股公司
飞利浦照明控股有限公司
LG Philips Co., Ltd.
LG 飞利浦 LCD 株式会社
Philips Corp Intellectual Pty
Philips Corporation
Philips Electrical Industries Limited
Philips Electronic and Associated Industries Limited
飞利浦知识产权及标准有限责任公司
LG Philips LCD Co., Ltd. Seoul KR

附表 3.13 出光兴产申请人关联公司详细表

关联公司
Idemitsu Kosan Co., Ltd.
出光兴产株式会社
出光兴产股份有限公司
Idemitsu Kosan KK
Idemitsu Kosan Co., Ltd. Japan
Idemitsu Kosan Co., Ltd. (IKC)

附表 3.14 默克专利申请人关联公司详细表

关联公司
Merck Patent Gmbh
默克专利有限公司
麦克专利有限公司
Merck Patent Gesellschaft Mit Beschraenkter Haftung
默克专利股份有限公司
马克专利公司
Merck Patent Gmbh
Merck Patent Gmbh Patents Scientific Information
默克专利股份公司
Merck Patent Gesellschaft
Merck
Merck Kgaa
Merck OLED Materials Gmbh

附表 3.15　柯尼卡申请人关联公司详细表

关联公司
Konica Minolta Holdings Inc.
Konica Minolta Inc.
柯尼卡美能达株式会社
Konica Minolta Medical Graphic Inc.
柯尼卡美能达控股株式会社
柯尼卡美能达股份有限公司
Konica Minolta Laboratory USA Inc.
日商柯尼卡美能达股份有限公司
Konica Minolta Business Technologies Inc.
Konica Minolta Co., Ltd.
Konica Minolta Photo Imaging
Konica Minolta Business Tech
柯尼卡株式会社
柯尼卡美乐达控股公司

附表 3.16 索尼申请人关联公司详细表

关联公司
Sony Corporation
索尼公司
索尼株式会社
Sony Semiconductor Solutions Corporation
Sony Electronics Inc.
Sony Computer Entertainment Inc.
Sony Ericsson Mobile Communications AB
索尼半导体解决方案公司
Sony Chemicals Corp
Sony Deutschland Gmbh
Sony Ericsson Mobile Communications Japan Inc.
索尼化学株式会社
Sony Chemical Information Device Corporation
Sony Interactive Entertainment Inc.
Sony Mobile Communications Inc.
索尼化学信息部件株式会社
索尼化学股份有限公司
Sony Int Europe Gmbh
Sony Kabushiki Kaisha
Sony Network Entertainment International LLC
Sumitomo Electric Industries Ltd.
索尼爱立信移动通讯股份有限公司
索尼电子有限公司

续表

关联公司
Sony Computer
Sony Europe Limited
Sony International (Europe) Gmbh
Sony Mobile Communications (USA) Inc.
索尼互动娱乐股份有限公司
索尼德国有限责任公司
索尼爱立信移动通信日本株式会社
索尼爱立信移动通信有限公司
索尼电脑娱乐公司
索尼网络娱乐国际有限责任公司

附表 3.17　松下申请人关联公司详细表

关联公司
Matsushita Electric Industrial Co., Ltd.
Panasonic Liquid Crystal Display Co., Ltd.
松下电器产业株式会社
Toshiba Matsushita Display Technology Co., Ltd.
Panasonic LCD Co., Ltd.
Panasonic Corporation
松下电器产业股份有限公司
东芝松下显示技术股份有限公司
Matsushita Electric Works Ltd.
东芝松下显示技术有限公司
Panasonic Intellectual Property Management Co., Ltd.
松下液晶显示器株式会社
Matsushita Denki Sangyo KK
松下知识产权经营株式会社
松下液晶显示器股份有限公司
松下电工株式会社
松下电器产业株式会社
Panasonic Elec Works Co., Ltd.
Panasonic IP Management Corp
台湾松下电器股份有限公司
Matsushita Tomohisa
Matsushita Electronics Corporation
中国华录·松下电子信息有限公司
松下电子工业株式会社

关联公司
松下电工股份有限公司
Matsushita Motohiko
Panasonic Automotive Systems Company of America Division of Panasonic Corporation of North America
Matsushita Denki Sangyo Gabu Sikigayisya
Matsushita Electric Industrial Co., Ltd. Kadoma Osaka JP
Matsushita Tetsuya
Panasonic Eco Solutions Power Tools Co., Ltd.
Panasonic Liquid Crystal Co., Ltd.
株式会社日本显示器
Matsushita Electric Co.
Matsushita Electric Ind KK
Matsushita Electrical Industrial Co., Ltd.
Matsushita Electronics Industry Corp
Matsushita Seiko Co., Ltd.
Matsushita Seiko KK
Panasonic Avionics Corporation
Panasonic Liquid Crystal Display Device Co., Ltd.
东芝松下显示器科技股份有限公司

附表 3.18 海洋王照明专利申请人关联公司详细表

关联公司
海洋王照明科技股份有限公司
深圳市海洋王照明技术有限公司
深圳市海洋王照明工程有限公司
Ocean's King Lighting Science Technology Co., Ltd.
Shenzhen Ocean's King Lighting Engineering Co., Ltd.
Ocean Sea King Lighting Technology Crotch Droppings
Ocean Sea King Lighting Technology Co., Ltd.
Lighting Technology Co., Ltd. Ocean King
海洋王（东莞）照明科技有限公司

附表 3.19 天马申请人关联公司详细表

关联公司
上海天马有机发光显示技术有限公司
天马微电子股份有限公司
上海天马微电子有限公司
Shanghai Tianma AM OLED Co., Ltd.
武汉天马微电子有限公司
Tianma Micro Electronics Co., Ltd.
厦门天马微电子有限公司
Shanghai Tianma Micro Electronics Co., Ltd.
Wuhan Tianma Micro Electronics Co., Ltd.
Tianma Japan Ltd.
Xiamen Tianma Micro Electronics Co., Ltd.
成都天马微电子有限公司
上海天马有机发电显示技术有限公司

附表 3.20　国显光电申请人关联公司详细表

关联公司
昆山国显光电有限公司
Kunshan Go Visionox Opto Electronics Co., Ltd.

附表 3.21　友达光电申请人关联公司详细表

关联公司
友达光电股份有限公司
Au Optronics Corporation
友达光电（苏州）有限公司
友达光电（厦门）有限公司
Au Optronics
友达光电（昆山）有限公司
友达光电（上海）有限公司
达辉（上海）电子有限公司
Au Optronics (Suzhou) Corp
Au Optronics Industrial Park

附表 3.22 和辉光电申请人关联公司详细表

关联公司
上海和辉光电有限公司
Everdisplay Optronics (Shanghai) Limited
上海和辉光电股份有限公司

附表 3.23 维信诺申请人关联公司详细表

关联公司
北京维信诺科技有限公司
昆山维信诺显示技术有限公司
Kunshan Go Visionox Opto Electronics Co., Ltd.
昆山维信诺科技有限公司
Beijing Visionox Technology Co., Ltd.
Kunshan Visionox Display Co., Ltd.
北京维信诺光电技术有限公司
Kunshan Visionox Technology Co., Ltd.
昆山国显光电有限公司
九江维信诺科技有限公司
合肥维信诺科技有限公司
昆山工研院新型平板显示技术中心有限公司
枣庄维信诺电子科技有限公司
Jiujiang Visionox Technology Co., Ltd.
Visionox Technology Inc.
维信诺科技股份有限公司

附表 3.24　住友申请人关联公司详细表

关联公司
Sumitomo Chemical Company Limited
住友化学株式会社
住友化学股份有限公司
日商住友化学股份有限公司
Sumitomo Metal Mining Co., Ltd.
Sumitomo Bakelite Co., Ltd.
Sumitomo Electric Industries Ltd.
住友金属矿山株式会社
Sumitomo Metals Nippon Steel Chemical Co., Ltd.
住友电木株式会社
Sumitomo Osaka Cement Co., Ltd.

附表 3.25　杜邦申请人关联公司详细表

关联公司
DuPont
杜邦股份有限公司
E.I. 内穆尔杜邦公司
DuPont Teijin Films US Limited Partnership
DuPont Displays Inc.
Teijin DuPont Films Japan Ltd.
杜邦帝人薄膜美国有限公司

附表 3.26 TCL 申请人关联公司详细表

关联公司
TCL 集团股份有限公司
TCL Corporation
深圳 TCL 新技术有限公司
Shenzhen TCL New Technology Co., Ltd.
TCL 海外电子（惠州）有限公司
华瑞光电（惠州）有限公司
深圳 TCL 工业研究院有限公司
TCL 华瑞照明科技（惠州）有限公司

附表 3.27 惠科申请人关联公司详细表

关联公司
惠科股份有限公司
HKC Corporation Limited
Chongqing HKC Optoelectronics Technology Co., Ltd.
合肥惠科金扬科技有限公司
重庆惠科金渝光电科技有限公司
宜昌惠科科技有限公司
惠科电子（深圳）有限公司
北海惠科光电技术有限公司

附表 3.28　纳米技术申请人关联公司详细表

关联公司
Nanoco Technologies Ltd.
纳米技术有限公司
纳诺柯技术有限公司

附表 3.29　株式会社半导体能源研究所申请人关联公司详细表

关联公司
Semiconductor Energy Laboratory Co., Ltd.
株式会社半导体能源研究所
半导体能源研究所股份有限公司

附表 3.30　纳晶科技申请人关联公司详细表

关联公司
纳晶科技股份有限公司
Najing Technology Corporation Limited
杭州纳晶科技有限公司

附表 3.31　纳米系统申请人关联公司详细表

关联公司
Nanosys Inc.
纳米系统公司
奈米系统股份有限公司

附表 3.32　三菱申请人关联公司详细表

关联公司
Mitsubishi Electric Corp
三菱电机株式会社
Mitsubishi Denki Kabushiki Kaisha
Mitsubishi Cable Ind Ltd.
Mitsubishi Denki KK JP
Mitsubishi Denki KK Tokio/Tokyo JP
Mitsubishi Materials Corp
Mitsubishi Heavy Industries Ltd.
三菱电机株式会社
Mitsubishi Electric Engineering Co., Ltd.
Mitsubishi Materials Silicon Corporation
Mitsubishi Chem Corp
Mitsubishi Chem Ind
Mitsubishi Chemicals Corp
Mitsubishi Digital Elect USA
三菱化学株式会社
Mitsubishi Chemical
Mitsubishi Denki Co.
Mitsubishi Kasei Corporation
Mitsubishi Kenki
Mitsubishi Material Silicon
Mitsubishi Materials Silicon Corp Tokio/Tokyo
Mitsubishi Nuclear Fuel
三菱电机股份有限公司
三菱硅材料株式会社
三菱重工业株式会社

附表 3.33　海信申请人关联公司详细表

关联公司
青岛海信宽带多媒体技术有限公司
海信集团有限公司
青岛海信激光显示股份有限公司
青岛海信电器股份有限公司
Hisense Co., Ltd.
Hisense International Co., Ltd.
Qingdao Hisense Laser Display Co., Ltd.
中航海信光电技术有限公司
Hisense Hiview Tech Co., Ltd.
Hisense USA Corporation
Hisense Group Co., Ltd.
青岛海信信芯科技有限公司
青岛海信宽带多媒体技术股份有限公司
Qingdao Hisense Electronics Co., Ltd.
广东海信宽带科技有限公司
Hisense Laser Display Co., Ltd.
Hisense Electric Co., Ltd.
青岛海信电子技术服务有限公司
青岛海信光电科技股份有限公司
青岛海信移动通信技术股份有限公司

附表 3.34　日本电气申请人关联公司详细表

关联公司
NEC Corp
日本电气株式会社
NEC 显示器解决方案株式会社
恩益禧电子股份有限公司
NEC Display Solutions Ltd.
NEC Laboratories America Inc.
NEC Eng Ltd.
NEC 化合物半导体器件株式会社
上海华虹 NEC 电子有限公司
NEC compound Semiconductor Devices Ltd.
NEC Robotics Eng Ltd.
NEC Tokin Corporation
NEC Corporation Tokio/Tokyo JP
NEC Electronics Corporation
NEC IC Microcomput Syst Ltd.
NEC Kansai Ltd.
NEC LCD Technologies Ltd.
NEC Machinery Corp
NEC MicroSystems Ltd.
NEC Yamaguchi Ltd.
恩益禧数码应用产品贸易（上海）有限公司

附表 3.35　三洋申请人关联公司详细表

关联公司
Sanyo Electric Co., Ltd.
三洋电机株式会社
Tottori Sanyo Electric Co., Ltd.
Tokyo Sanyo Electric Co.
Sanyo Optec Design Co., Ltd.
Sanyo Consumer Electronics Co.
Sanyo Multimedia Tottori Co.
三洋电机股份有限公司
鸟取三洋电机株式会社
三洋光学设计株式会社
Sanyo Denki KK
Sanyo Optical Design KK
Tokyo Inst of Technol
Tokyo Inst Tech
Sanyo Bussan KK
Sanyo Denken KK
Sanyo Denki Co., Ltd.
Sanyo Denki Electronics Konsyumeo Sikigayisya
Sanyo Electric Company Ltd.
Sanyo Mediatec Co., Ltd.
Sanyo Shikiso KK

附表 3.36 长虹申请人关联公司详细表

关联公司
四川长虹电器股份有限公司
Changhong Research Labs Inc.
四川长虹网络科技有限责任公司
长虹北美研发中心有限公司
四川长虹欣锐科技有限公司
广东长虹电子有限公司

附表 3.37 光峰申请人关联公司详细表

关联公司
深圳市光峰光电技术有限公司
Appotronics Corporation Limited
深圳光峰科技股份有限公司

附表 3.38 中科光电申请人关联公司详细表

关联公司
北京中视中科光电技术有限公司
中国科学院光电研究院
福建国锐中科光电有限公司
北京中视中科光电技术有限公司中国科学院光电研究院

附表 3.39　歌尔申请人关联公司详细表

关联公司
歌尔股份有限公司
歌尔科技有限公司
Goertek Inc.

附表 3.40　日亚申请人关联公司详细表

关联公司
Nichia Corporation
Nichia Chem Ind Ltd.
日亚化学工业株式会社
日亚化学工业股份有限公司

附表 3.41　德州仪器申请人关联公司详细表

关联公司
德州仪器公司
Ti Group Services Ltd.
Texas Instruments Inc.
Ti Group Automotive Systems LLC
Texas Instruments Incorporated
Ti Training Corp

附表 3.42 X-Celeprint 申请人关联公司详细表

关联公司
X-Celeprint Limited
艾克斯瑟乐普林特有限公司

附表 3.43 Point Engineering 申请人关联公司详细表

关联公司
Point Engineering Co., Ltd.
普因特工程有限公司

附表 3.44 Lumens 申请人关联公司详细表

关联公司
Lumens Co., Ltd.
株式会社流明斯
流明斯有限公司

附表 3.45 Luxvue 申请人关联公司详细表

关联公司
Luxvue Technology Corporation
勒克斯维科技公司
乐福科技股份有限公司
勒克斯维科技股份有限公司

附表 3.46　Apple 申请人关联公司详细表

关联公司
Apple Inc.
苹果公司

附表 3.47　思坦科技申请人关联公司详细表

关联公司
深圳市思坦科技有限公司

附表 3.48　云谷科技申请人关联公司详细表

关联公司
云谷（固安）科技有限公司

附表 3.49　Magic Leap 申请人关联公司详细表

关联公司
Magic Leap Inc.
奇跃公司
Magic Leap 股份有限公司

附表 3.50　Ostendo 申请人关联公司详细表

关联公司
Ostendo Technologies Inc.
傲思丹度科技公司
奥斯坦多科技公司

附表 3.51　谷歌申请人关联公司详细表

关联公司
Google LLC
谷歌有限责任公司
Google Inc.
谷歌公司

附表 3.52　Dolby 申请人关联公司详细表

关联公司
Dolby Laboratories Licensing Corporation
杜比实验室特许公司
Dolby Lab Licensing Corp
Dolby International AB

附表 3.53　Light Field Lab 申请人关联公司详细表

关联公司
Light Field Lab Inc.
光场实验室公司

附表 3.54　苏大维格光电科技申请人关联公司详细表

关联公司
苏州苏大维格光电科技股份有限公司
SVG Optronics Co., Ltd.

附表 3.55　杭州光粒科技申请人关联公司详细表

关联公司
杭州光粒科技有限公司

附表 3.56　微软申请人关联公司详细表

关联公司
Microsoft Technology Licensing LLC
Microsoft Corporation
微软技术许可有限责任公司
微软公司
Microsoft International Holdings BV
Microsoft Corpoation
微软国际控股私有有限公司

附表 3.57　高通申请人关联公司详细表

关联公司
Qualcomm Incorporated
Qualcomm Inc.
高通股份有限公司
高通公司

附表 3.58　阿里巴巴申请人关联公司详细表

关联公司
Alibaba Group Holding Limited
阿里巴巴集团控股有限公司
阿里巴巴集团服务有限公司
广州阿里巴巴文学信息技术有限公司
阿里巴巴（中国）有限公司

致谢

向资助本书撰写的科技部高技术研究发展中心致以诚挚的谢意。

向参与本书撰写的南京九致信息科技有限公司和 TCL 科技集团股份有限公司表示诚挚谢意。